古代歷史文化 研究輯刊

二五編

王明蓀 主編

第 15 冊

束胸的歷史與禁革

李德生 著

國家圖書館出版品預行編目資料

束胸的歷史與禁革／李德生 著 -- 初版 -- 新北市：花木蘭文
化事業有限公司，2021〔民110〕
目 2+216 面；19×26 公分
（古代歷史文化研究輯刊 二五編；第 15 冊）
ISBN 978-986-518-317-2（精裝）
1. 風俗 2. 中國文化 3. 女性運動 4. 中國史
618　　　　　　　　　　　　　　　　　　　110000155

ISBN-978-986-518-317-2

9 789865 183172

古代歷史文化研究輯刊
二五編　第十五冊　　　　　ISBN：978-986-518-317-2

束胸的歷史與禁革

作　　者　李德生
主　　編　王明蓀
總 編 輯　杜潔祥
副總編輯　楊嘉樂
編　　輯　許郁翎、張雅淋　美術編輯　陳逸婷
出　　版　花木蘭文化事業有限公司
發 行 人　高小娟
聯絡地址　235 新北市中和區中安街七二號十三樓
　　　　　電話：02-2923-1455／傳真：02-2923-1452
網　　址　http://www.huamulan.tw 信箱 service@huamulans.com
印　　刷　普羅文化出版廣告事業
初　　版　2021 年 3 月
全書字數　137457 字
定　　價　二五編 15 冊（精裝）台幣 45,000 元　　版權所有 · 請勿翻印

束胸的歷史與禁革

李德生 著

作者簡介

李德生，原籍北京，旅居加拿大，係加拿大文化更新研究中心研究員，致力於東方民俗文化和中國戲劇之研究。有如下著作在國內外出版發行：

《煙畫三百六十行》（臺灣漢聲出版公司出版 2001 年）；

《煙畫的研究》［日］川床邦夫譯（日本經濟研究所出版 2005 年）；

《老北京的三百六十行》（中國山西古籍出版社出版 2006 年）；

《富連成——中國戲劇的搖籃》（中國山西古籍出版社出版 2009 年）；

《禁戲》（中國百花文藝出版社出版 2008 年）；

《清宮戲畫》（中國百花文藝出版社出版 2010 年）；

《昔日摩登》（中國江西教育出版社出版 2009 年）；

《一樹梨花春帶雨一說不盡的旗裝戲》（中國人民日報出版社出版 2015 年）；

《清代禁戲圖存》（中國社科出版社出版 2020 年）。

提　　要

舊社會，女子束胸與纏足一樣，是自我摧殘的一大陋習。但此陋習起於何因？源於何時？對婦女造成何等的損傷？對國家釀就何等的危害？作者從民俗學的角度出發，以考古、文史、繪畫、言論等大量資料，講述了中國婦女如何從健乳而被迫束胸的歷史成因和衍成習俗的沿革。最終導致「自損而不知，自辱而為榮」的墮落。以致纏足解放之時，而胸仍於桎梏之中。

從晚清到民國，無數志士仁人從不同角度呼籲放乳，歷經了數十年不懈的鬥爭努力，終於，在北伐戰爭取得勝利的 1927 年，國民革命政府順應民意，以國家的名義頒布了《束胸禁革公告》，以法律的形式強迫國民改變陋習，要求婦女必須解除束胸。由此，舉國掀起了一場轟轟烈烈的「天乳運動」。這一場驚世駭俗的全民運動，使中國婦女的身體得到徹底的解放，使婦女贏得了新生。同時，解放了婦女勞動生產力，發展了女子體育運動，改變了女子的形體之美。從而，掀起了社會對嬰幼衛生和育兒保健的高度關注，促進了中國社會向現代化的邁進。

目
次

前　言

　　十五年前，筆者初到溫哥華時，曾應《中華時報》社社長王恩奎先生之邀，為《副刊》撰寫專欄。當時，該報的讀者群大多是來自福建、廣東和香港、臺灣地區的老華僑。他們喜歡閱讀一些自己熟悉的故園掌故、軼事舊聞，以助茶餘飯後的談資，聊解去國懷鄉的綿綿情思。記得，當時懷舊的熱門話題很多，如舊京閒話、故國風物、市廛江湖、三百六十行等等。近百年來中國婦女的形體解放，也是熱門話題之一。社長就出了幾個題目，如：足的解放、乳的解放、髮型的解放、衣著的解放、個性的解放等等，建議筆者任選一個，詳細說來，以供連載之用。

　　筆者常寫些民俗方面的隨筆、雜文，但對近代婦女解放運動的事情少有研究。不過，我一向認為，任何一個題目的寫作過程，都是一個學習和研究的過程，也是充實自己知識範圍的過程。於是，便選擇了「乳的解放」這一課題。因為，有關婦女「足的解放」、「衣著的解放」等題目，寫的人很多，還有不少專著問世。唯獨有關中國婦女「乳的解放」方面的研究，較為冷癖，這也就成了筆者收集資料、尋根溯源、仔細梳理、推敲寫作的一種動力。

　　當時，美國斯坦福大學女性與性別研究所的資深學者瑪麗蓮・亞隆女士（Marilyn Yalon）編寫的《乳房的歷史》一書方剛問世，她搜集了大量的圖文史料，從時間、空間和社會學角度，詳細論述了西方女性乳房的歷史。她以傳統的疆界和主流文化的視角，以歐美為中心，展開探索敘事。分別從宗教、藝術、醫學與心理學領域，研究西方世界是如何看待、理解和界定女性乳房的。例如，女性旳乳房在嬰兒眼中是一種美味食物；在男人眼中則是一種「性的符號」；在藝術家眼中，他們看到的則是「美」；在心理分析學者眼中，看到

的則是「潛意識的中心」；在婦女權力運動宣導者的眼中，則又是一種「自由、民主與革命」。如此種種，結論不一。該書問世以後，在西方社會反響很大，引起了許多社會群體和婦女界對自身形體認識的廣泛關注。

但是，該書的內容絲毫沒有涉及東方世界對女性乳房的理解和認識，其中，既沒有涉及古埃及、古印度，也沒有涉及古代的中國。書中對中國女性乳房的「禁」、「放」歷史的成因和過程，更無絲毫觸及，這不能不說是一大缺憾。筆者著手研究這一課題，並無續貂之意，只是想以有限的薄識，嘗試一下初食螃蟹的滋味。

筆者落筆之初，倒也順利，先是從中國考古的發現、古文字的研究和一些文獻典故之手，論述古代先民對女性乳房的崇拜。「碩人」的「天乳」曾是衡量古代「女性美」的重要標準之一。直到了宋代，也沒有發現有任何人為的、習俗性的和政令性的，限制女性乳房正常發育的文字史料。那麼，漢族婦女是何時開始用束胸的方法來壓迫自己的乳房呢？是何時開始和出於何種目的，而人為地改變婦女乳房的造型，限制乳房的發育生長的呢？又是什麼原因，導致中國社會曾一度對女人「形體美」的認識發生了改變？一定要把健康的「天乳」變為又偏又小的「平胸」的呢？要說清這一問題，中國婦女六、七百年的「束胸史」的成因和歷史斷代，則是一個很關鍵的問題。

一些民俗學者認為：漢族婦女開始「束胸」，應該起源於唐代。楊貴妃發明在胸前佩戴的「訶子」，應該是女子「束胸」之始。這似乎是一個有籍可考的實證。但是，經過近代服飾專家們的認真研究，唐代婦女服用的「訶子」，並非是用來壓迫乳房、抑制乳房發育生長的對象。相反，它起著「托乳」和「護乳」的作用，更像現代婦女服用的「乳罩」。還有的學者認為：女子「束胸」之俗，應該始於明代，朱元璋親自制定的法律《大誥》，就明令規定女子必須「束胸」，必須從小就戴上「主腰」。《大誥》還明確規定了婦女係戴「主腰」的顏色，漢族女子必須依律執行。否則，便是違制，就是犯罪。筆者認為，這一斷代雖有文字可籍，但是，束胸的成因卻無本無由。堂堂的一國之君，為什麼突然要跟女子的乳房過不去呢？依理推之，明朝立國之初，民間女子「束胸」的事情，必然先已形成了習俗。也就是說，在元代統治時期，漢人女子便已經普遍地「束胸」了。

記得在 2009 年秋天，筆者在溫哥華片打東街的華人圖書館裏，曾隨意翻看早年老僑們捐贈的各種老舊圖書。無意間，看到一本殘破的《瓢庵雜憶》，

是清人鄭天際撰寫，民國二年（1912）由中華會稽書局印行出版的。作者以
筆記的形式，記述了南方的一些民間習俗，其中有一條「束胸避禍」的文字
豁然入目。筆者曾順手抄錄下來：

幼聞太祖文濤公云，元初韃子南侵，國乏良將，軍事不敵，屢
戰屢敗，節節退守、節節潰散。北方難民嘗扶老偕幼、魚貫南遁。
伍中多男子、翁仲，少有婦人、小姑隨行。鄉人問及北方兵燹，頓
時啼哭一片，哀嚎動天，歷數韃子兇暴殘忍、無異禽獸。一路燒殺
屠城，片草不留。鄉人聞之，無不掩泣。問及婦姑兒女，始知伍中
蓬頭墨面之少年小童者，多是婦姑女孩。因逃難避禍，束胸削髮，
更衣換履，充作男丁，偶偶隨行耳。眾人聞之皆淒然唏噓。因懼恐
韃子將至，鄉里婦姑亦紛紛效法，以備不測。此俗遂漸行矣。

　　女子「束胸避禍」之俗的形成，實因蒙古帝國大舉入侵時，慘絕人寰的
姦淫殺戮，對中原百姓所造成的巨大恐懼，而逼迫形成的。明末元初，蒙古
帝國的南侵，對中國人民所造成的摧殘和破壞原是不爭的事實。但在「文化
大革命」以前，史學界由於極「左」思潮的影響，要把成吉思汗與秦皇、漢
武、唐宗、宋祖齊肩並論，將成吉思汗塑造成為「我們的汗」。以韓儒林為首
的蒙元史研究小組在官修《中國通史・元朝史》、《中國大百科全書・蒙元部
分》和一系列通俗讀物中，過度吹捧成吉思汗的「功績」，強調「蒙古帝國的
入侵，結束了宋代皇朝的腐朽統治，促成了中外民族的大融合」。因而，諱談
蒙古鐵騎對中原的踐踏和殺戮的滔天罪行。這一人為的「硬傷」，一直被中外
歷史學界所垢病。

　　儘管如此，翦伯贊編輯的《中國通史參考資料》一書中，還是收錄了一
部分中外文獻對這場侵略戰爭的記述。從中可以看到，蒙古帝國在中國土地
上進行種族滅絕性殺戮的記載。文中所記的隻言片語，諸如：「兩河山東數
千里，人民殺戮幾盡，金銀子女牛羊馬匹皆席捲而去，屋廬焚毀，城廓丘墟
矣」。「關中兵火之餘，戶不滿萬」。「既破兩河，赤地千里人煙斷絕，燕京宮
室為兵所焚，火月餘不滅」，「韃軺過關，取所掠山東兩河少壯男女數十萬，
皆殺之」，如此種種，不一而足。蒙古鐵騎所到之處的血洗和屠城，造成中
都（即北京）、中原、川、陝地區的人口驟減三分之二，這是一個何等可怕
的數字。

　　「文革」之後，史學界進行了「撥亂反正」。有不少新的蒙元史研究論文，

相繼刊登在《歷史研究》和一些著名大學的學術期刊中。商務出版社、中華書局、寧夏出版社，內蒙古出版社，也先後出版了許多有價值的歷史文獻。如古蒙古帝國官員拉施德編纂的《史集》、阿拉伯歷史學家伊本・阿・阿特的巨著《歷史緒論》，以及《蒙古秘史》等古籍，還原了許多曾被歪曲過的歷史真相。

如今，在成吉思汗陵一側修建的「內蒙古歷史文化博物館」中，陳列著一幅長 206 米的巨幅油畫——《蒙古歷史長卷》。從蒙古族的起源、成吉思汗的出生及成長，草原各部的爭鬥和統一，蒙古帝國的建立以及對外侵略和擴張的史實，以連環圖畫的形式畫將出來。較系統地反映了蒙古帝國對外侵略征伐的歷史，場面宏大、氣勢磅礡而又細密周致。其中，蒙古兵勇對佔領地域民眾滅絕人性的屠城，集體姦殺婦女，用鍋鑊「煮食人肉」等場面，也如實地畫在長卷之中，供人參觀瞻看。這些畫面佐證了，許多歷史文獻中所記載的蒙古侵略軍，在戰爭中實施「種族滅絕」和「性殖民」的種種暴行。

忽必烈佔領中國後，建立了元朝，用極端殘酷的暴政，血腥地統治漢人一百多年。在這種惡劣的生存環境中，幸存下來的漢族女人是怎麼活過來的呢？她們為了避免蒙古兵勇的凌辱，只得用「自毀」、「自殘」、「自虐」的手段，墨面、削髮、毀容、易服，緊緊地束緊自己的乳房，不讓它生長，藉以改變自己的外形，刪去一切女性特徵的符號，使自己變得不像女人。她們用這種自殘避禍的手段，混跡於男人之中，忍辱度日，苟且偷生。就拿近代戰亂時期的例子來說：民國時期，東北地區的山民為了躲避土匪的糟蹋搶掠；日偽時期，河北鄉村的農民為了躲避日本漢奸的蹂躪姦殺，莫不把自己女兒的頭髮悉數剪去，用布緊緊地束裹乳房，把她們當成男孩兒養活。應該說，用這種形式來爭取女人的存活，是與蒙古侵略者統治下的元代同出一轍。

到了明朝，朱元璋為了維護大漢的「國粹」，強調一切要「與韃子有別」。這種「有別」，不僅在治國方略、士農經濟方面有別。就是在婦女的身上也必須有別。韃婆子的腳丫子大，我們漢族女人的腳就要小，而且越小越好：韃婆子的奶子碩大，我們漢族女人的奶子就一定要小，越乾癟越好。於是，依此邏輯立法，索性把女子束胸、裹腳之事都用法律的形式固定下來，全面貫徹推行，違者則嚴懲不貸！加之「程朱理學」對婦女的壓迫和摧殘，使婦女都變成了犬豕一般的「人下之人」。

　　到了清朝，女子在封建統治的重重大山壓迫下，在達官顯貴和無恥文人們的調教下，「病弱之美」成了評判女子貞德和完美的唯一標準。從此，原本健美的少婦少女、傾國佳麗，一個個都變成了「柳葉眉、杏核眼，櫻桃小口一點點」，「寬額頭、瓜子臉，細脖頸、溜肩膀、捧心胸、丁香乳、水蛇腰」，「瘦臀、筍腿，三寸金蓮」的「豆腐西施」了。

　　母弱，必然乏乳。乏乳，造成的後果，就是哺育不出強壯健康的嬰兒，勢必殃及子孫後代。甲午海戰之敗，不僅割地賠款、喪權辱國，而且，還落了個「東亞病夫」的尊號。面臨華夏民族亡國滅種的危險，喚起了一大批志士仁人的覺醒和近代婦女解放運動的崛起。他們大聲疾呼「富國強兵」的同時，號召要「保種愛國」，要「母健兒肥」！那麼，要想「母健兒肥」，婦女的肢體必須得到解放！必須「禁革束胸」、「禁革纏足」，必須「男女平權」、「婦女解放」！

　　從晚清到民國，人們歷經了數十年不懈的鬥爭和努力，終於，在北伐戰爭取得節節勝利的 1927 年，國民革命政府順應民意，以國家的名義頒布了《束胸禁革公告》，以法律的形式強迫國民改變陋習，要求婦女必須解除束胸。由此，舉國掀起了一場轟轟烈烈的「天乳運動」。這一場驚世駭俗的全民運動，使中國婦女桎梏的身體得到徹底的解放。解放了婦女勞動生產力，發展了女子體育運動，改變了女子的形體之美，掀起了社會對嬰幼衛生和育兒保健的高度關注，促進了社會向現代化的邁進。

　　當時，全書的構架如此。於是動筆寫來，在《副刊》上連載了數期，反映相當良好。但是，終未寫完。一是經營多年的《中華時報》因多種原因突然停刊；二是有關「乳」的史料稀缺難尋，筆者只得中途輟筆。如是，這一課題一放便是十多年。

　　時至今日，關於「乳」的問題依然是個有待深入研究的課題。加之，這些年信息發達、言論寬鬆，有關「乳文化」的史料和研究文字在互聯網和一些報刊雜誌上亦時有披露。筆者遂又萌生了把這組舊稿寫完的願望。

　　為了此書的內容更加充實，使之更有可讀性和學術價值，筆者邀請了對民國史素有研究的李同生先生合作，校審文字，刪去無據推理之說，採信百家之言，補充新的資料，草成此書，實屬野人獻曝。中間疏漏尚有不少，深望對這一課題有所關注的學人與讀者批評教正。

　　今年，恰逢國民革命政府頒布《束胸禁革公告》九十三週年。臺灣花木

蘭文化出版社決定出版此書，是從民俗學的角度，對近代中國婦女解放運動
的研究填補了一項空白。

李德生
2020 年 7 月 7 日改寫於溫哥華寓中

一、束胸前史（上古～南宋）

　　目前，書店的架子上陳列著不少撰寫民國初年婦女放足的書籍。書中記述了清末民初時期的那場反反覆覆、曲曲折折，觸及千家萬戶婦女有關「足的解放」的歷史。仔細讀來，頗有「驚天地、泣鬼神」的悲壯。

　　本書作者也引用了大量的史料，敘述中國婦女比「足的解放」還要艱辛、還要壯烈、還要轟動，還要遲上十幾年才宣告成功的「乳的解放」。講述我國前代婦女們的雙乳，是如何從自由地生長發育、自然健康地哺乳，而在「男性社會」的蹂躪和壓迫下，被封建道德觀、世俗觀、甚至國家政令和法律的逼迫下，強行改變了形體，緊緊地束起了雙乳，使自己變得畸型且無奈。女子貼身穿用的「主腰」、「束胸帶」、「小馬甲」，都成了束縛雙乳的枷鎖和桎梏。在很長的一個歷史階段裏，使中國婦女改變了自身形體和天性，淪為「含胸、駝背、水蛇腰」的「病美人」。無數婦女原本健康的乳房在束胸的摧殘下，成了乾癟、生癰、生癤、癌變、潰爛、甚至造成死亡的「兇器」。千百年來，她們為了從封建桎梏之下掙脫出來，求得「乳的解放」，無數志士仁人不知付出了多少艱辛的努力，才贏得最終的勝利。在上個世紀二十年代迎來了一場轟轟烈烈的「天乳運動」，創造了中國近代婦女解放運動的奇蹟。讀者欲知詳情，且聽筆者仔細道來。

　　大家都知道，人人胸前都有一對天生的乳房。女人有，男人也有。由於生理激素的作用，男人的乳房因為不承擔哺乳育子的功能，乳腺不發達，轉變成寬闊的胸肌。平平的、堅硬的、見方見棱的，盡可表現男性的陽剛之氣和身體的健美。而女人，成熟的女人，因為承擔育子、哺乳的「人母之責」，內分泌充實，乳腺發達，乳房則變成圓圓的、高聳的、富有彈性和曲線美的

尤物。從質感到外型與男人的雙乳形成了鮮明的對比。

女性乳房的飽滿、充實和獨有的曲線美，除了哺乳功能之外，還具有強烈的性的表現力。它的形狀、色澤、氣味對嬰兒和異性起著強烈的「誘導」作用。女性的乳房既是甘甜豐美的食物象徵，又是充滿溫暖、美麗和富有誘惑力的「性符號」。自古以來，世界上幾乎所有種族的文化，在讚美「愛情」，謳歌「母愛」和著力表現女性「人體美」的同時，乳房，一向被視為「美」的最重要的特徵。

（一）上古先民對女性乳房頂禮膜拜

上古時期，女性胸前的那對健康的、豐滿的、充滿乳汁的乳房，是先民的崇拜物，是部族生存與興旺的圖騰。不論古代的東方還是西方都是如此。這一點，已是人類學、社會學論及上古文化課題中的不爭事實。近代，從世界各地出土的上古文物都充分地證明了這一點。例如，1908 年，歐洲考古學家約瑟夫‧松鮑蒂，在奧地利一處舊石器時代遺址的考古發掘中，出土的一尊女性圓雕，就是一個最有代表性的例證。

這尊圓雕出土於摩拉維亞的威倫道夫地區，科學家就以她的產地命名為「威倫道夫的維納斯」。這尊女性圓雕是由石灰石雕製而成，身高 11.1 釐米，身闊 7.8 釐米，以國寶級文物身份存於奧地利維也納自然史博物館。經過科學家嚴格的檢測，認定其製作年代為西元前 2.8 萬年左右的舊石器時代，人們稱之為「最原始的維納斯」。她的面部、手腳等細節幾乎全被原創者忽略了，頭部僅刻有一縷縷捲曲的頭髮。而她的乳房和臀部卻得到極度的誇張，使之具有巫術般的性感和神奇的繁殖能力。作品之所以強調這一對碩大的乳房，反映了古代先民對當時「女性美」的一種界定，那就是「乳必大」，「臀必肥」。乳大，益於哺育嬰兒；臀肥，益於繁殖生育。在上古時期，只有具有這兩大特徵的女人，才是最標緻的美女。

同樣，2008 年 9 月，考古學家在德國西南部的霍赫勒－菲爾斯岩洞中，挖掘出的一尊用猛獁牙骨的雕刻的美女。通高約 6.5 公分左右，全身赤裸，一對巨大的豪乳和誇張的陰部造型，幾乎佔據了整個雕塑的三分之二。與此同時，法國考古工作者在法國勞塞爾岩洞中也發現的一尊名為「持角杯的維納斯」的石雕。石雕上的女人同樣具有一對極其誇張的乳房。這對乳房佔據了整個軀體造型的二分之一。這些作品都具有一、兩萬年的歷史，都毫無例外

地印證了古代人類對女性乳房的尊崇，早已達到迷信和頂禮膜拜的程度。

左圖為奧地利出土的石質圓雕「威倫道夫的維納斯」，出製作年代距今有 2,8 兩年前，現收藏於奧地利威倫道夫博物館，是一尊最早的女性人體的雕塑。

右圖為法國勞塞爾岩洞中發現的一尊名為「持角杯的維納斯」的石雕，製作年代距今有 1.5 萬年歷史。現存於法國人文博物館。

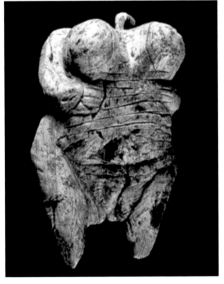

左圖為德國西南部的霍赫勒－菲爾斯岩洞中出土的女性圓雕。她是用猛獁牙骨的雕刻而成。製作年代距今也有 1.5 萬年以上的歷史。迄今收藏於德國古人類展覽館。

此圖為我國赤峰市巴林左旗那斯臺出土的「捧腹裸女」雕像，胸前也有一對巨乳，直垂腹部，體積不大，但她給人以碩大無朋的印象。據科學家推斷，這件作品屬於紅山文化的端始期，迄今也有上億年的歷史。她，是東方人類的老祖母。

　　國外的考古發現如此，中國的考古發現也不例外。在中國赤峰市巴林左旗那斯臺地區也發掘出同樣的巨乳女神。例如，圖中所示圓雕「捧腹裸女」，人們稱其為「東方的維納斯」。其造型粗獷質樸、肥碩圓潤，神情凝重，凸顯著莊嚴肅穆、威儀和顯赫的女王神態。她的頭部微垂，頭髮垂於腦後結成三角形髮束。她的雙目閉合，嘴角微彎，鼻樑呈銳角錐狀，胸前一對巨乳，鼓鼓囊囊一直垂到腹部，像是身懷六甲，子嗣即將臨門，使她的乳源波濤滾滾，大有膨脹欲噴之勢。這尊圓雕是由古玉石雕刻而成，現已風化變質成石。體積不大，但給人以碩大無朋的印象。據科學家用儀器測試，這件作品屬於紅山文化的端始期，迄今應也有上億年的歷史。她是亞裔人的始祖，是東方人類的老祖母。正是她的這對豪乳哺育出千千萬萬的子子孫孫，使東方族眾發達興旺、瓜迭綿連。

左圖：在赤峰博物館中還陳列著一尊上古圓雕「捧乳女神」。這尊雕像運用了比較寫實的手法琢塑而成。屬於紅山文化晚期的作品，迄今也有 6 千年左右的歷史。在這尊雕像的髮髻上，蹲立著一隻代表黃帝氏族圖騰的青蛙，恰恰證明了這尊裸女是華夏民族的母系祖神。

右圖：在赤峰博物館中另存有一尊紅陶女神。儘管胸部殘缺，也可以想像到她也是碩乳豐臀。同屬於紅山文化系列，迄今也有五千餘年的歷史。

　　在內蒙赤峰博物館中還陳列著一尊高 30.1 釐米、寬 9.6 釐米、厚 6.6 釐米的圓雕——「捧乳女神」。這尊雕像運用了比較寫實的手法琢塑而成。屬於紅山文化晚期的作品，迄今也有 6 千年左右的歷史。她的面部扁平，寬顴，高眶，闊頰，尖頷。上身挺直，臀部寬闊肥厚，雙腿敦實粗壯，突顯了強壯豐滿、健美的體魄和端莊冷峻的氣質。最為突出的是她雙手捧乳的神態，好像正在向子民宣示，是她的雙乳哺育了爾等生命，是她無私奉獻的乳汁，才帶來了部族的延續和興旺。她的成就和權威是絕對不可忽視和替代的。在這尊雕像的髮髻上，蹲立著一隻代表黃帝氏族圖騰的青蛙，恰恰證明了，這尊裸女便是華夏民族的母系祖神。

　　此外，在赤峰出土的一座女神廟中，考古人員還發現了兩尊紅陶女神。儘管其胸部殘缺，但從整體造型度測，她也是碩乳豐臀。同屬於紅山文化系列，迄今也有五千餘年的歷史。

　　這些對女性乳房極盡誇張的上古作品，有力的證明著古代「乳文化」的強盛和偉大。在社會形態處於母系氏族社會的全盛時期，社會結構是以女性血緣群體為紐帶聯繫著部落集團。女王和女性在族眾和社群中佔有絕對的統治地位，繁殖與哺養後代是種族延續的天賦使命。這幾尊在中國出土的裸女圓雕，她們「美麗」的體態可以與奧地利、德國、法國出土的「美人」們齊肩並列，統稱為「孿生姊妹」。

　　除此之外，中國出土的許多上古陶器也印證了先民對女性乳房的崇拜。古代史籍中有許多關於陶器起源的描述。如《呂氏春秋》稱：「皇帝有陶正，昆吾作陶。」《逸周書》則稱：「神農作瓦器」等等。在上古新、舊石器時期，社會經濟形態是以農業為主，兼以牧、漁、狩獵並存。陶器的出現，是人類社會從原始步入文明的實證。東方古陶的文化遺存，最有代表性的是黑陶和彩陶。它們是中原仰韶文化和北方草原文化相互碰撞，產生的富有生機和創造力的優秀文化，內涵十分豐富。迄今發現的黑陶和彩陶均為泥質，造型生動樸實，優美實用，處處顯示著母系氏族文化的積澱和對女性乳房的膜拜。

　　我國考古工作者在河北武安縣磁山和河南新鄭新石器時代早期遺存中，發掘出多種型制大小不一的古陶器，三足缽、三足鬲、三足鼎、三足鬶、三足甕等。經過碳14測定，這些陶器均係西元前5000～6000年間的產品。特徵皆為手工製作，胎質粗糙，厚薄不勻，容易破碎。陶器的外觀色彩多呈黑色或橙紅色。表面多以素面為主，並有少量繩紋、竹篾紋、指甲紋和劃痕紋等似是而非的裝飾。這類古陶多是敞口、深腹：最引人矚目的是腹下三個互為支撐的奶袋型的陶足，即穩定又誇張，上大下小、中為圓滾滾的錐狀體，與哺乳期婦女健壯的乳房造型一模一樣，傳神地表現出製陶人深厚的戀母情結。

　　如圖，陳列在南京博物館的一尊通體黝黑的三足鬲，上體如罐，罐腹下端的三個乳狀鬲腿鼎足而立，莊重蕭穆，穩若泰山。寬闊的鬲腹與乳狀鬲腿內均可以盛水，盛酒、盛漿、盛乳，還可以在鬲腹之下生火加熱，用來煮水、熬粥、煮肉、烹食、溫酒，烹釀。這只陶鬲儼然像母親的雙乳一樣，把一切營養和美食無私地獻給了自己部族和子民。毫無遮掩地隱寓著人類無邊的母愛與溫情。

　　更能引起人們神思遐想的還有一尊彩繪陶雲氣紋壺。它出土於洛陽燒溝漢巷的古窯址遺存中。該壺通體呈肉褐色，高為45.5釐米，壺嘴造型，更像

一對健婦的豪乳，乳房圓碩，乳頭狀的壺嘴向上高聳，分別向左右傲然翹立，充滿乳汁和性感，展示出器物的神奇和迷人的誘惑。

更有令人驚奇的發現，是出土於陝西龍山文化遺存的出土的一尊「繩紋大母神陶甕」。經專家鑒定，此陶甕是西元前 2200～1600 新石器晚期的產物，至今已有近五千年的歷史。出土不久便被人走私海外，現藏於香港九如堂。為著名的古文物收藏家李大鳴先生所有。

如圖，這尊「大母神」繩紋三足甕，身高 62、7 釐米，器體儼然是一尊中年壯婦的身軀，上半身的胸部塑有兩個飽滿的乳房。下半部有三個椎形足，也是由三個鼓脹的乳房造型集成。總高不盈二尺，但設計得十分巧妙耐看，小中見大，蔚為壯觀。無疑，彼時創製者的內心世界，充滿了對母親乳房的敬畏和崇拜。香港《蘋果日報》在報導這尊「大母神」時，稱之為「在博物館中看不到的國寶」。收藏家李大鳴先生說：「新石器時代，人的壽命只有二十多歲，母親的哺乳與生育，是保證種族的延續和增加人口的重要角色。大母神陶甕是一種生命觀，是一個種族的希望。這件古陶不僅僅是用來煮水煮飯的器物，它還是上古先民日日頂禮膜拜的女王般的神祇。」

筆者在西藏拉薩市羅布林卡路的西藏博物館參觀時，看到這樣一尊陶罐（如圖），它是由兩個滾圓的罐體組成。中間由一個共用的罐口連接。這兩個滾圓的罐體形同兩個碩大的乳房，敦厚結實，充滿乳汁。它的顏色通體紅褐，上面布滿深褐的斑紋，好像健婦乳房上的乳腺和血管，裏邊的血液和乳液還在脈脈流動。講解員用藏語和普通話反覆講解，稱它為「藏罐」。她說：「這只罐出土於大河谷山區，距今有數千年歷史，它是藏區古代陶器的代表物。它的這種特殊的造型表現著西藏物產的富裕，牛羊的眾多，女人的健壯和生育能力的繁盛。正因有如此眾多的涵義，這種「藏罐」的造型一直流傳到現在。在今日藏區的市場上，依然能夠見到她的身影，也可以隨時買到。這種藏罐有陶質的、銅質的，還有銀質的。人們用它盛水、盛酒，盛酥油、盛牛奶，或是用來存放牛油炒麵和乳酪。它代表著藏人的殷實富有和幸福吉祥。」當然，這種「藏罐」更強烈地反映著上古母系氏族的靈魂和先民對乳房崇拜的一種遺存。

同樣，當你徜徉在國外的各大博物館，瞻仰那些保護完好的古代雕像群和陶製器物時，你會感到周圍充滿著撫愛人類的母愛和彌漫於四周的甜蜜乳香。無論是古埃及的王后，還是古羅馬的市井民婦；無論是東方的飛天神女；

還是古印度的舞姬歌娘，她們胸前的碩乳，以及各種乳型的雕塑、陶瓷、器物、繪畫和裝飾物，莫不展示著人類勃勃的生機，充滿了春天的勃發和秋天的豐收。你似乎會聽到那裡有乳汁在汩汩流淌，乳汁在哺育著生命，在憧憬著美好的未來。人類「乳文化」的博大無私，無時無刻不在呼喚著它的子民，要尊重它，敬畏它、愛護它，更要認真地對待它、研究它、認識它。

左圖為新石器時期的三足陶鬲，上體如罐，罐腹下端的三個乳狀鬲腿鼎足而立。莊重肅穆，穩若泰山。現收藏於中國歷史博物館。

右圖為新石器時期的繩紋大母神陶甕，為香港九如堂主人李大鳴先生收藏，高 62.7 釐米，約西元前 2200_1600 年新石器晚期文物。屬於峽西龍山文化。

上圖為古彩繪陶雲氣紋壺，出土於洛陽燒溝漢巷。壺色呈肉棕色，通高 45.5 釐米，碩乳狀壺嘴向左右上方聳立，極富性感。現為中國歷史博物館藏品。

上圖為古代紅陶「藏罐」。出土於西藏大河谷山區，距今有數千年歷史，是藏區古陶的代表物。它的特殊造型表現著西藏物產的富裕，牛羊的眾多，女人的健壯，生育的繁盛。正因有如此眾多的涵義，現藏於西薩拉薩博物館。這種「藏罐」的造型一直流傳至今。在如今的市場上也能買到類似的器物。

　　在「四大文明古國」中，中國出土的古代人物雕像不算多，但在中國古文字的產生和演變過程，也可以說明黃河文化哺育下的先民與尼羅河、幼發拉底河、底格里斯河和恒河文化哺育的先民，有著同樣的戀母情結和對女性乳房根深蒂固的崇拜。這種證例，在中國以圖形表現形式的古文字中俯拾皆是，隨處可見。

　　中國是世界上岩畫分布最豐富的國家之一。早在西元五世紀，北魏地理學家酈道元在《水經注》中，對岩畫記載就多達二十餘處。岩畫分布之廣，北起黑龍江，南至雲南滄源，東起東海之濱的連雲港，西至新疆崑崙山口。絕大多數分布在邊遠山地地區，尤以臨近沙漠或半沙漠地帶最多。遺址總數有數百個，圖畫不下幾十萬幅。岩畫的題材豐富多彩，有人物、動物、日月星辰、獸蹄印跡，多方面地反映了古代先民狩獵、放牧、戰爭、祭祀、生殖崇拜等物質與精神生活。表現形式和手法也是多種多樣，敲鑿磨刻、顏料塗繪，五花八門、應有盡有。

　　上古原始共產主義時期，女人與男人一起狩獵、一起勞動、一起生產，兩性的關係並無貴賤之分，是相互平等的。反映在五千年前的圖形文字中，女人的形象與男人一樣，都是挺拔站立著的。「男」字，在圖形文字中突出的是男性的生殖器，「男」字寫成這樣「　」；「女」字的形態，突出的則是乳房，

寫成「　」這個樣子。這個女人挺胸抬頭，目視前方，胸前垂著巨大的乳房。

就是這對巨乳，在為種族的延續，為哺養健壯的後代，發揮著巨大的作用。
所以，彼時的女人和她的乳房是高聳的、驕傲的、神聖的、不可侵犯的。

左上圖為新疆岩畫中的圖型文字「男」字和「女」字。主要以兩性不同的性徵符號為
表現形式。距今約有萬年以上歷史。

右上圖為四川省珙縣麻塘壩僰人懸棺岩畫中所表現的「男」字和「女」字。依然「以
兩性性徵特點來區分。男性有誇張的生殖器，女性則有碩大的乳房。距今約有七、八
千年歷史。

下圖是內蒙古桌子山岩畫中所表現的「男」字和「女」字。「男」字，表現男性在打
獵。「女」字、則突出分娩。距今也有七、八千年歷史。

此圖為石鼓文中的「后」字。　　　　　　　甲骨文中的「女」字。

秦小篆中的「母」字。

金文中的「母」字。

甲骨文中的「夾」字。

秦小篆中的「爽」字。

以上為中國上古至殷商、春秋時期出現的圖型文字、甲骨文、金文及篆字中的「男」「女」「母」「爽」「夾」等諸字，其造型和含義也都含有對女性乳房膜拜的描繪。

甲骨文，是漢字的早期形式，也是現存中國王朝時期最古老的一種成熟文字，最早出土於河南省安陽市殷墟。屬於上古漢語。迄今有四、五千年的歷史。

金文是指鑄造在殷周青銅器上的銘文，也叫鐘鼎文。出現於商周是青銅器的時代。金文應用的年代，上自西周早期，下至秦滅六國，約 800 多年。

石鼓文是秦刻石文字，因其刻石外形似鼓而得名。發現於唐初，共計十枚，高約三尺，徑約二尺，清末震鈞斷石鼓為秦文公時之物。

篆書，出現於戰國時代，秦始皇統一中國之後，李斯改大篆為小篆、是一種規範化的官方文書通用字體。迄今有 2400 年的歷史。

　　在母系社會中，具有至高無上權威的女王——「后」，更是以巨大的乳房來「母儀天下」。彼時，出現在石鼓文中的「后」字，被寫成十分簡約而神秘的樣子「 」。女王的一隻大手拿捏著自己的乳房。手的中間有一個膨脹的乳頭，這個乳頭飽含著豐富的乳汁，碩大、充實，頗有噴薄欲射之勢。在母系社會中，這只巨大的乳房充滿著女王的仁愛與恩賜，乳汁代表著豐收、代表著富裕，同時，也表現出子民對女人和母親愛撫的渴望和傾心的崇拜。這個字的造型與前邊所提到的紅山文化中的「捧乳裸女」雕像的寓意有著異曲同工之妙。

當人類社會進入到甲骨文的殷商時代，也就是人類步入奴隸社會和農耕社會的時候，生產力和生產關係發生了重大的改變，男性群體的壯大，使女人的社會地位明顯的下降。從此，女人的文字形象在男性群體的高壓之下，便委屈地跪了下來，開始處於屈從地位。這時候的「女」字，就被寫成彎曲了膝蓋的跪姿「𡥀」了。儘管如此，女人獨有的寬大豐滿的、無可替代的乳房仍然佔有不可忽視的地位。

當女人發育成熟，有了生育能力，做了母親的時候，「母」字就寫成了「𡟫」。也就是在原有「女」字寬大的胸前，點上兩個圓點兒。這兩個圓點兒代表著充滿乳汁的乳頭。這個「母」字的字形，依然頑強地表示著乳房是人類生生不息、種族瓜迭綿連的依賴。當這個「𡟫」字發展到秦代小篆時，文字改革家還特意把這兩個代表乳頭的圓點兒拉長，一直扯出形體之外，寫成「𣎧」字的模樣。秦人用這種誇張的手法來表現對女性的尊重，展示著母親的偉大。「𣎧」字，仍舊頑強地傳遞著人類對女性乳房頂禮膜拜的強烈訊號。

此外，甲骨文中的「𡗉」（即「夾」）字和金文中的「𤇾」（即「爽」）字，也都表現著女性的乳房形態。它形象地描繪女人的雙乳如錘、如球，堂而皇之地立在胸前。乳房是女人的至寶，是女人的驕傲。原本膨脹的乳房只有在排出乳汁之後，才如釋重負，變得輕身爽快。「爽」字、「夾」字，也都是中國古文字對女性乳房的一種張揚性的演繹。

（二）乳的象形文字和饅首窩頭

那麼，甲骨文中的「乳」字怎麼寫哪？其最初的形態，簡直就是一幅生動的圖畫，它的樣子是這樣的「𠃬」（見圖）。無疑，這是一位母親，懷中抱著一個張著大嘴的嬰兒，嬰兒正在貪婪地吸食母親的乳汁。作為象形文字，這個字的造型十分寫實，不識字的人也能一望而知其意。後人為了書寫方便，這個「𠃬」字逐漸變為「乳」（見圖）。在書寫形式上，人們對原來的「𠃬」

字進行了規範，而內容並未發生改變。母親的一隻手撫著嬰兒的頭，嬰兒在吃著母親左邊的奶，嬰兒的頭正好遮住了母親左邊的乳頭；而母親的另一隻乳頭，依然是鼓鼓囊囊地裸露在右邊。

由此可證，上古至春秋、戰國、秦、漢時期，女人的乳房是自由發育的，是健康的，是被人推崇的。而且，女人的乳房越是碩大，越是豐滿，越好，越美、越漂亮。

乳的俗稱為「奶」。奶者，乳汁也。哺乳嬰兒，俗稱吃奶。《紅樓夢》中便有「我的血水化成奶水，將你養大」的說法。此外，在老北京滿族人對不同輩分婦女的稱呼中，就有「奶奶、大奶奶、二奶奶，祖奶奶，姑奶奶，老姑奶奶，小姑奶奶」等等之謂。這裡的「奶」字，除了是一種對不同輩分的女性尊稱外，還包含著更多，更豐富的「乳文化」內涵，家族的血系是由這些女人在綿連延伸著。

「奶」是個會意字，它的象形寫法是以「女」字為偏旁，右邊是象徵一對乳房的弓形曲線構成的。這個弓形曲線實際上是對女性乳房的簡單的勾勒。中國最大的乳製品企業——蒙牛乳業集團的廣告創意人員，就曾將這個字的原型稍加改動，把左邊的「女」設計成一個牛首，將右邊的雙乳曲線設計成一個紅色的「愛心」（見圖），附以「良心養牛，放心飲奶」的廣告語。巧妙的詮釋了該集團生產的乳製品是安全健康的寓義。同時，也讓廣大的消費者形象地看到，中國古文字和「乳文化」聯繫的密切和多彩。

圖左為先秦古大篆中的「乳」字，造型源於甲骨文的乳字。圖右為秦小篆中的「乳」字，造型從大篆演變而來。

左圖為古圖形文字中的「奶」字；左側是個女字，右側的曲線是對女性雙乳的簡略勾勒。右圖為中國蒙牛乳業集團的廣告人員根據古代圖形文字創意的「奶」字構成。由這兩個圖案共同組合成一個「奶」字。從象形造字的角度詮釋出中國奶品行業的健康與安全。同時，也讓廣大消費者形象地看到中國「乳」文化的厚重與多彩！

窩頭與饅頭都是中國人餐桌上的傳統食品。其造型都是母親乳房的寫真。

在近代北方俗語中，婦女的乳房還有一種昵稱叫做「啞兒」（音 zā ér）。例如《兒女英雄傳》中，主人公囑咐乳娘說：「叫兩個孩子分著吃他兩個啞兒。」「啞」字，即會聲又會意，是以嬰兒吸食母乳的動作和發出來的聲音組成這個字。人之初始，所有的嬰幼兒都必須仰賴母乳的哺育生存成長。人類歷史上，從來沒有任何一種可以替代母乳的替代品。在法國微生物學家巴斯德發明的高壓消毒法，使動物乳汁變得安全可飲之前，新生兒的存活幾乎完全仰賴母親的乳房。母乳是神聖的食物，這是大自然對人類的賜與，也是上天精心的安排。母親的乳房給人以刻骨銘心的記憶，使人的一生一世都忘不了的乳的恩德。

總之，開天闢地以來，人類都把母乳奉為「生命之本」，把母親的乳房奉為「食物之源」。編撰《清史稿》的金梁老先生在《古俗字考》中寫道：「乳者，生命之始，萬食之源。古之饅首、包子、布托、酥餅、元宵，乃至今日市井之蒸餅、窩頭、糖餑餑、艾窩窩等，皆取形於女子之乳。」用現代的話說，人們將許多食物都有意無意地製作成母親乳房的樣子，流露出國人的「戀乳情結」。就是西方的主要食品，如麵包、列巴、漢堡等食物的造

型，也都是女人乳房的翻版。

明代作家馮夢龍在其編纂的《山歌》一書中，收集有唐代市井流行的一首《饅頭歌》，歌詞寫道：

> 姐兒胸前有兩個肉饅頭，
>
> 單紗衫映出子咦像水晶球。
>
> 一發發起來就像錢高阿鼎店裏個主貨，
>
> 無錢也弗肯下郎。

據考，歌中的「錢高阿鼎店」就是唐代長安城內一間有名的糕餅店。歌者未對女子的乳房進行直接的描繪，而是借用錢高阿鼎店製做的肉饅頭，來形容女子乳房的柔軟白淨、高聳挺實。

清人編輯的《京師童謠》一書中，也記有一首《窩頭歌》唱道：

> 大丫頭，二丫頭，坐在一起數窩頭。
>
> 一個頭、兩個頭，頭頭都是「媽媽頭」。

滿語中，對女性乳房的昵稱為「媽媽」。後來，「媽媽」一詞逐漸演變成老北京人的口頭語兒。喂小孩吃奶，亦稱「吃媽媽」。我們從以這首民謠中也不難發現，饅頭、窩頭、咂兒、媽媽頭，這類民間食品和土語中，同樣深刻地隱藏著人們對女性乳房潛意識的倦戀。

總之，這類外觀像女人乳房的食物，是平民百姓晨昏製作，貯入食櫥，端上餐桌，朝夕食用之物。不僅用之果食飽腹，而且，形成了一種不忘「哺乳之恩」的祭典性的儀式。在中國各種年節祭奠活動中，如省親祭祖，清明祭掃，祈天禱雨，歡慶豐收，婚喪嫁娶，社火走會，這類象徵母乳的饅頭、窩頭、包子、蒸餅、饃饃類食品，均要鄭重其事地捧上祭壇，成為不可或缺的神聖供品。

窩頭，亦稱窩窩頭，聽其聲便知其形。上尖，下圓，底兒闊，中空，呈圓錐形狀，其實就是女性乳房造型的翻版。因為是用玉米麵或雜糧麵製成，在農村和市井貧民中普遍食用。但是，在帝王將相，富賈豪門的餐桌上，也幾乎日日伴有此君。他們除了用之調解口味之外，還用它向兒孫們說明：「身處高位，亦不忘農人耕耘之苦，以及五穀稼穡的養育之恩」。就連位居一國至尊的慈禧皇太后，在她每日的御饍食譜中，窩窩頭也占一席之地。目的也是在於向臣子、國人，宣示一種「至尊憫農」和「母儀天下」的示範作用。迄今，作為皇家飲食代表的「仿饍飯莊」，用栗子麵兒製作的「小窩頭」，還被評為

「帝王第一美食」，成了北京旅遊的一種熱銷食品。

藉此機會，筆者順便說一下早已被人淡忘了的一個名詞——「窩窩頭會」。這個詞兒與「乳文化」也有著密切的關係。「窩窩頭會」是古代饑荒年月，人們互相幫助、相互周濟、共度難關的一種民間社團性質的組織。據考，「窩窩頭會」起源於漢代末年的「五斗米」教。由於窩頭係粗糧製作，「價錢低，易充饑」，故而得名。一遇荒年，家有餘糧的善人們就自動地組織起來，開粥廠、散窩頭，救濟饑民於水火之中。自唐、宋、元、明、清以來，儘管名稱各異，「窩窩頭會」的活動在民間依然歷久不衰。金梁先生在解釋此語時寫道：「鄉人俗稱窩窩頭會者，實有『乳濟天下』之意也。窩窩頭形如上古娥皇、女英之乳。每臨大饑，二人獻乳，哺育天下耳。」依照這位老先生的解釋，窩頭的造型仿生母親的乳房，更不是妄加臆度的解釋了。

直到清末民初，「窩窩頭會」仍在梨園行中盛行。每逢年關，京劇界的紅伶大佬們都要拿出最好的節目，隆重地舉行幾天義演，掙來的錢鈔全部交給梨園公會，用來周濟生活貧困的底包演員，讓大家有吃有喝地度過年關。這一善舉，甚得人心，很多梨園史料對此都有記載。此舉在行內亦稱「送奶過年」。

以上兩圖為民國期間「窩窩頭會」向城市貧民送粥和棒子麵窩窩頭的場面。見自《民國老照片》

其實，這類「送奶過年」的慈善活動，並不侷限於梨園行內。1920 年初，《申報》有一篇《紀北京窩窩頭會》的長文，載道：

「該會之由來最初發起人為陳啟元。陳，北京慈善家也，憫貧民之無告，因於年末寒風凜冽冰雪載途之時，自斥私財若干，並約同志勸募若干，專購雜和麵蒸成窩窩頭，散給極貧之民。普通一人

一日得窩窩頭四、五枚，即可以敷衍生活。價較賤，益較溥，而施
放之手續又較簡單，一年行之而效，於是每年冬季輒賡續行之。」

　　窩窩頭會的善舉在社會上影響很大，每每舉辦，都會得到諸多政府機
構、官員、社會賢達、演藝界和工商各界重要人物的支持。例如，1923 年
的「窩窩頭會」就得到曹仲珊、吳佩孚、湯薌銘、鮑貴卿、梅蘭芳、楊小樓
等名人的多次捐助。其中，曹仲珊一次就捐出「玉米麵二萬斤」，末代皇后
婉容也一次捐款 600 元大洋，梅蘭芳捐玉米麵五千斤，種種不一。1923 年
1 月 24 日《順天時報》記載：這批善款購得糧食數萬斤，明渠上冊，分區
賑濟貧民。「前撥與二十區署玉米麵三十餘萬斤曾志本報，該會因旗籍困苦
貧民尤為眾多，故又發給兩萬餘米麵，一萬斤內火八旗小米六十四石、玉米
麵五千六百斤，由各旗營總分配等等」，著實救助了無數嗷嗷待哺的貧寒之
人。」

　　「窩窩頭會」善舉的成功，促使了上至政府下至民間，對於賑災工作的
重視，同時也催生了社會救濟事業的發展。南京臨時政府成立之時，內務部
下轄民政司就專門負責賑恤、罹災救濟等慈善事項。當年民間有《數來寶歌》
唱道：

　　　　窩窩頭，真叫好，下頭大、上頭小，
　　　　即解饞，又解飽。一頓吃倆正可好。
　　　　窩窩頭，像媽媽（即乳房），吃一口，甜如蜜，
　　　　咂一口，流哈啦（即口水），叫我窮哥還想啥？

　　此歌見自 1962 年北京大興縣文化舘輯《民謠采風》（油印本）。一看便知
是早年丐幫行乞的唱詞，語句雖然粗俗，卻恰好表現出平民食物與乳文化之
間有著極其微妙的關聯。

（三）先秦女子以健碩為美

　　在中國上古時代的傳說中，第一女性便是「創世女神」女媧。她的名字
又稱媧皇、女陰。在洪荒無際惡劣的生存環境中，她無日無夜地忙著搏土造
人，並為這些「新人」操持婚喪嫁娶，生老病死，一日七十變化。當人間遭受
天塌地陷之災，她又忙著鍛鍊五彩之石以補蒼天，忙著斬斷鰲魚四足，以穩
地腳四極。女媧的形象完全像一位身體強健、終日忙忙碌碌的主婦，胼手胝
足，茹毛飲血地創造人間萬物，用她那健壯的雙乳哺育著天下子民。傳於至

今的女媧造像，便是她與伏羲氏永不間歇的交尾（性交），促使天地萬物滋生，人類瓜瓞永續，世代綿連。

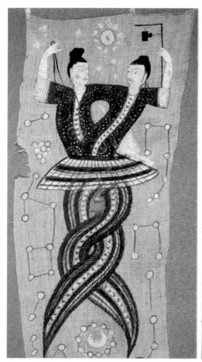

以上兩圖為唐代伏羲女媧畫像，絹本，設色。此兩件是在新疆吐魯番地區發現的古代文物，曾在故宮博物院歷代藝術館基本陳列中展出。

　　隨後出現的女性，便是嫘祖。她採桑育蠶，辛勤織帛，使女媧製造出來的「新人類」能著衣遮體、擋風禦寒。繼而，又出現了忠貞情愛、千里尋夫的娥皇、女英，她們將女性的溫柔和母愛注入了「新人類」的思想和心靈，使他們知道人間的喜怒哀樂和友誼親情。從此，中原文明就在母體文化的不斷創造中孕育生成。

　　依《史記》而論，中國的歷史是以夏代為始，繼之為商、為周。其活動範圍是以河南、河北、山西、陝西為中心向四周展開。歷史斷代則為西元前2070年至西元前1600年之間。商朝則為西元前1600年至西元前1046年之間。那麼，這一階段的女人都是什麼樣子的呢？是否保存有「乳文化」的遺痕？截至目前為止，在中原地區的考古中，除了發掘出陶器、青銅器、甲骨文等文物之外，有關女性形體造型的雕刻、繪畫等則幾近於無。然而，「天生麗質難自棄」，美妙的女性人體和浸人心脾的母愛情結，依然能毫無遮掩地呈現在今

人面前。那就是，近代在四川成都平原發掘出的古蜀三星堆文化中，對此則有不凡的證明。

　　三星堆文化的發現是十分偶然的。文獻記載，1929 年的一天清晨，四川省廣漢縣南興鎮真武村的農民燕道誠在鋤地挖渠的時候，竟然挖出一座神祕的地下寶庫。在這座沈寂了四、五千年的地庫中，一下子搬出了四百餘件保存完好的古琮、古玉。其中，還藏有幾尊裸體男女的人體玉雕。從中可以看到古蜀先民的真實體態。這些人型都是赤條條的一絲不掛。有蹲踞者、有站立者，有的手舞足蹈、翩躚做態者；有的手捧雙乳，似欲投懷送抱者；更有男女擁抱、縱慾性交的雕塑。這些玉雕人體不大，但比例均衡，肌理細膩，造型逼真，生動可人。只是各個人物的面目猙獰、神情怪異，非神非鬼，與平常男女的長相大相徑庭。筆者選擇了兩尊三星堆女體照片編輯於此，亦算奇圖共欣賞吧。左圖為三星女王，她傲然獨立於代表王權的玉琮之上，神情蕭穆，長髮披肩，雙手托著一對碩大的乳房母儀天下。她自豪地向臣民展示著自己的巨乳，申明她有著取之不禁、用之不竭的乳汁，足以哺育天下。右圖則是一尊三星女神，她也是一位身體健碩的女子，手捧天上的一輪彎月，立身於象徵長壽永存的靈龜之上。她的一對碩乳與天地同在，與日月同輝。她的乳液源自天河，浩浩淌淌，永無涸竭之日。她可以護持乾坤，永葆部族繁盛，疆域永固，她的乳泉堪與天地長存。

　　考古學者推論，三星堆文化的形成，是因為中原夏人的一支曾持強外侵，進入了古蜀地區。又經過多年的爭戰、婚嫁，與古蜀文化不斷撞擊融合，而逐漸形成的「蜀人」。這幾宗古玉人型恰好說明殷商時期，中原的漢族也好，周邊的少數民族也好，他們日常風俗習慣依然保存著母性氏族社會的上古遺風，部族社會對待女性的乳房依然是極端尊重和敬畏的。健康的、豐腴的乳房，依然是女權的「凝聚力量」和女性「形體美」的重要標誌。

左圖為立於玉琮之上的三星女王。右圖為立於神龜之上的三星女神。以上兩圖取自駱漢城《山海經的故事・三星堆玉器圖文日誌》一文的插圖。

　　而在華夏雄踞的中原地區，由於部族頻繁的撕裂和戰亂，殷商王朝留給今人的痕跡十分稀少。目前，重要的考古成就大多集中在河南安陽的殷墟之中。其中，發掘出的文物有相當一部分屬於一位名叫「婦好」的傑出女性。經過史學家與考古學家嚴謹的考證，「婦好」二字的婦字，是其尊稱。好，則是她的姓氏（古音為 zǐ）。她是商朝武丁時代（西元前 1250 年～西元前 1192 年）的人，是商君武丁的妻子。現存於世的甲骨文獻中，「婦好」的名字頻頻出現，僅在安陽甲骨穴中，就出現過兩百多次！這些卜文生動地記錄了婦好一生征戰、生育、疾病，甚至包括她去世後的狀況。其中《卜辭》（合集 2658）有「辛未卜，爭貞：婦好其比沚（zhǐ）戛伐巴方，王自東深

伐，戎陷於婦好位」和「貞，乎婦好見多婦於彳羊」等語，都記述她帶兵打仗、爭城奪池所取得的赫赫戰功。商王朝的後人都尊稱她為「母辛」或「后母辛」。這些甲骨文殘片還記載了，婦好原是商王國周邊母系部落的一位公主。她從小聰明睿智，有著超乎尋常的勇氣和智慧，而且臂力過人。她在戰場上使用的兵器，是一柄重達九公斤的鐵斧。她不僅在戰場上久立奇功，而且還生了好幾個孩子。足見她不僅身體強壯，驍勇善戰，而且床榻風流、性旺多產，母性十足。安陽博物館為她塑了一尊高大的雕像，作為館標立在大門前的廣場上。這位婦好，頭戴銅盔，手執那柄巨大的鐵斧，神采奕奕，氣宇軒昂地傲視前方。一對堅實高聳的乳房，鼓鼓囊囊地裹在鎧甲之中。

上圖左為安陽婦好墓陳列館前的婦好的立像。她頭戴銅盔，手執鐵斧，氣宇軒昂地仰望前方。一對堅實的乳房被裹藏在鎧甲之中。上圖右則為婦好使用巨斧上的「婦好」銘文。

在我國早期文學作品中，直接描繪女性乳房的文字很少。但是，並不缺少對女子豐腴體態的歌頌與讚揚。當中原進入春秋戰國時代，文字系統已經成形，詩歌散文產生了，文學作品也出現了。孔丘老夫子便搜集了列國的民間歌曲和士子文人之作，彙編了一部詩歌總集，名曰《詩經》。其中，不乏謳歌愛情和讚美女子的篇章。例如，第一首開篇的《國風·周南》寫道：「關關雎鳩，在河之洲。窈窕淑女，君子好逑。」翻成白話的大意是：「美麗的水鳥啊！在河邊叫個不停。漂亮而文靜的少女啊！俊美的男人怎能不追求你！」現代的人們總是按時下女子「形體美」的審視標準，來解釋詩中的「窈窕」二字。說「窈窕」的詞意，一定是「婷婷玉立、纖細高挑的高個子。而且有著嫵媚輕柔、婀娜多姿的身軀」。其實，這是望文生意、不確切，且有些錯誤。《辭海》注：「窈窕」二字與「窈窱」同。「窈」字，意為「深邃」。「窕」字，意為「幽美」。「窈窕」連用，則是贊喻女子心靈和儀表兼美，而

並非單純贊喻女子纖細高挑的外型之美。

那麼，春秋戰國時女子的外型美是什麼樣的呢？細讀《詩經》全篇，是可以看到彼時對女人體貌的審美，依然承繼著上古遺風。對生得「肥美」、「碩大」的女人有著傾情的欣賞，內心充滿了纏綿的「戀乳情結」。例如，《詩經》中《澤陂》一詩寫道：

> 彼澤之陂，有蒲與蘭，有美一人，碩大且卷，
> 寤寐無為，中心悁悁。
> 彼澤之陂，有蒲菡萏，有美一人，碩大且儼，
> 寤寐無為，輾轉伏枕。

我們把這首古詩譯成白話，大意則是：

> 在對面池塘的岸邊，長滿了蒲草與春蘭。
> 有一位美麗的姑娘啊，長得高高大大、健壯修長；
> 她那美麗的身影使我輾轉難眠，思斷柔腸。
>
> 在對面池塘的岸邊，長滿了蒲草與香荷。
> 有一位美麗的姑娘啊，長得又高又大、體貌端莊；
> 她那美麗的身影使我神魂顛倒，她使我輾轉枕上通難眠。

同樣，《衛風》中的《碩人》一詩也是描寫高大白胖的美人：

> 碩人其頎，衣錦褧衣。齊侯之子，衛侯之妻。
> 手如柔荑，膚如凝脂，領如蝤蠐，齒如瓠犀。
> 螓首蛾眉，巧笑倩兮，美目盼兮。
> 碩人敖敖，說于農郊。四牡有驕，朱幩鑣鑣，翟茀以朝。

譯成白話則是：

> 高大豐腴的美人啊，她內穿錦緞，外邊披著麻衣。她是齊侯的
> 子女，她是衛侯的愛妻。
> 她的手就像柔軟的嫩草，她的膚色就像晶瑩的玉脂。
> 她的脖頸潔白豐潤，她的牙齒像瓠瓜的籽粒。
> 她有著豐滿前額和彎彎的眉毛，美妙的眼睛潔如秋水。
> 高大的美人兒啊！
> 她是何等地風流倜儻，她喜歡在郊外騎馬狂奔。
> 四匹嚼上飄著紅綃的烈馬，迎著朝陽昂首而立。

詩中的「碩人」，指的就是長得又高又大、騎著烈馬狂奔的、身強體壯的

一位貴婦。只有這樣豐滿富態的體態，才稱得上是傾國傾城最美麗的女人。碩人的豐滿和白胖，自然包括了她那一對高聳健美的乳房。這種讚美，使人聯想起古羅馬時代的女神雕像。無論哪一位女子都是體格高大，體態豐腴，有著結實的臂膀，修長的雙腿和一對圓潤飽滿的乳房。

無論東方還是西方，在古代先民的眼中，人人都喜歡高大豐碩型的美女。這種審美觀在經濟尚不發達的時期，有著十分務實的意義。古代的人受自然條件所限，壽命沒有現在長。例如婦好，只活到 34 歲。先後與數十名達官顯貴有染的夏姬，也僅僅活到 40 歲。只有高大健碩的女人才代表著健康、活力、繁殖和生育能力。所以，彼時形體「碩大」健壯的女人，才是最好、最美、最受人們崇拜的尤物。

春秋戰國時期的高大美女，如家珍可數。統馭朝政大權的女政治家秦宣太后羋八子（即電視劇中的羋月）、狐媚禍國的褒姒、以色救國的西施、以色亂倫的子南，都是如狼似虎的奇女子。

古語謂「秦乃虎狼之國，秦女多有悍婦」。史載，商君變法的時候，壯女可以參軍入伍，可以編為一軍參加戰鬥。秦國的壯女子在日常生活中，也不是好惹的，不少女子在婚後就變成了悍妻。悍妻在家裏可以辱罵、凌辱她的丈夫。如果丈夫在忍無可忍的情況下，打了妻子，他將面臨判刑的境地。今日能夠讀到的《睡虎地秦簡法律答問篇》記載：「妻悍，夫毆治之，決其耳，若折肢指，膚體，問夫何論？當耐。」可見，先秦女不僅身健體壯，而且，從國家法律上面，也處處維護著女子的權力。

《史記》載：秦始皇的生母趙姬是個十分漂亮的大美人。她原是呂不韋家中的舞姬和侍妾，後來嫁與秦始皇的父親子楚為妻。子楚復國稱帝後，為秦莊襄王，趙姬便成了王后。莊襄王即位三年駕崩，年僅十三歲的嬴政立為秦王，趙姬便封為太后。呂不韋則尊為相國，號稱仲父。趙姬與呂不韋仍然經常私通，但呂不韋見秦王日漸成長，惟恐引禍上身，遂收買宮中太監，將一位能用陽具轉動車輪的大陰人嫪毐送進宮去，假以腐刑，明為宦官，實為太后的男寵。這位太后正值「三十如狼四十如虎」的盛慾之期，遂與嫪毐移居城外的蘄年宮居住，日夕淫樂，深獲歡心。可見，這個能經得住嫪毐斧斲的壯婦，且在不惑之年，還給嫪毐生了兩個兒子。可見，其身體是何等健碩無朋！

（四）漢代推崇女性乳房「肥瘠厥滿」

到了漢代，董仲舒「廢除百家，獨尊儒術」之後，孔老夫子的「唯小人與女子難養也」的謬論，便大行其道了。「三從四德」等封建禮教，把女人排除在社會生活之外，並且，對她們的身心也施以種種約束。自此，社會對女人的審美標準便出現了很大的變化。女子以「纖弱為美」的觀點開始抬頭。班昭在其所著的《女誡》一書中，就率先提出了「女以弱為美」的觀點。她說：

> 陰陽殊性，男女異行，陽以剛為德，陰以柔為用；男以強為貴，女以弱為美，故鄙諺有云：生男如狼，猶恐其尪；生女如鼠，猶恐其虎。

她在書中反覆強調「男子須強，女子須弱」。如果女人身體過於強壯，必然會導致「陰盛陽衰」，就會釀成「陰陽顛倒、家事不吉」。這種論點，對女子乳部的健美，產生了一定的壓製作用。現在，已經有了這一時期女性體貌的參照物，那就是存於大英博物館的兩幀中國最早的繪畫——晉代大畫家顧愷之所繪製的《列女圖傳》和《女史箴圖》卷。

顧愷之生於西元 348 年，字長康，晉陵無錫人氏。他博學多才，擅詩賦、書法，尤善繪畫，人稱「三絕」。而且最善人像寫真，深為時人敬重。以他所描繪的漢代女子形象來看，彼時女性的身軀有的高大、健碩。有的身材已略微纖小、柔弱了。儘管形態不一，他們的衣著依然是「領闊襟低、酥胸微袒」。上衣寬鬆得體，胸部絲毫沒有故意緊束，故意限制乳房發育的痕跡。近代，專門研究古代服裝史的專家們從出土的漢代實物中，也從未發現有婦女貼身穿著的緊身衣褲。

東晉無名氏撰寫的《漢孝惠張皇后外傳》中，有一節記述漢代宮廷選妃時，對候選女子進行「體檢」的文字。從中可以看出，當時對美女的形體要求是相當嚴格的。文中寫道：

> 漢沿秦制，每納后妃，必遣女官知相法者審視。秋八月，詔鳴雌侯許負手宣平侯第。許負者，河內老嫗，以善相封侯者也。負引女嫣至密室，為之沐浴，詳視嫣之面格：長而略圓，潔白無瑕，兩頰豐腴，形如滿月，蛾眉而鳳眼，龍準而蟬鬢，耳大垂肩，其白如面，厥顙廣圓。而光可鑒人，厥胸乎滿，厥肩圓正，厥背微厚，厥腰纖柔，肌理膩潔，肥瘠合度，不瘠不瘍，無黑子創陷及口、鼻、腋、足諸私病。許負一一書之冊。爾後密呈太后。

文中稱，這位還是姑娘時的張皇后，在檢查身體時依然尋規蹈矩，她「厥胸乎滿，厥肩圓正，厥背微厚，厥腰纖柔，肌理膩潔，肥瘠合度」。應該說，她也是一位身材高大，乳房豐滿的「美人兒」。

漢代文人編纂的《漢雜事秘辛》一書中，也有一段描寫美女裸體體貌的文字，文中涉及古代女子「三圍」的標準和「裸體美」的實錄，稱得上是一篇難得一見的妙文。筆者將其摘錄於此，從中也反映出當時封建文人品評女子形體美的一種觀念：

> 時日暮薄辰，穿照蠶窗，光送著瑩面上，如朝霞和雪，豔射不能正視。目波澄鮮，眉嫵連卷，朱口皓齒，修耳懸鼻，輔靨頤領，位置均適。聖句尋脫瑩步搖，盤髻度髮，如黝鬢可鑒，圍手八盤，墜地加半握。……肌理膩潔，拎不留手，規前方後，築脂刻玉。胸乳菽發，臍容半寸許珠；私處墳起；為展兩股；陰溝渥丹，火齊欲吐。此守禮謹嚴處女也。約略瑩體，血足榮膚，膚足飾肉，肉足冒骨。長短合度：自顛至底，長七尺一寸，肩廣一尺六寸，臀視肩廣減三寸，自肩至指長各二尺七寸，指去掌四寸，肖十竹萌削也。髀至足長三尺二寸。足長八寸，脛跗豐妍，底平指斂，約縑迫襪澉束微如禁中。……不痔不瘍，無黑子創陷及口鼻腋私足諸過。

《漢雜事秘辛》一書，描繪的是漢桓帝懿獻皇后梁瑩，在入選進宮前進行「體檢」時的情景。通過宮中女官保林吳姁對她的身體進行全面的檢查，生動具體地描繪了漢代美女的容貌、髮膚及胴體的模樣。對這位美女從頭到腳的仔細品評，對其身高、胸圍、腰圍、臀圍、肩、胯、恥骨等尺寸的記錄，與近代選美的身高、胸圍、腰圍、臀圍標準有著異曲同工之妙。漢代的尺寸與今日不同。根據出土的東漢銅尺計算，當時的一尺合今日 23.85 公分。這位漢代梁瑩女士的身高原是漢尺 7 尺 1 寸，折合今日應該是 169.335公分，也就是一米七的大高個了。而且，她長了一條髀至足長三尺二寸，折合今日 76.41 公分碩長的美腿，與今日高身條的女模特不相不上。應該說，此文是我國古代士人對女性形體美的一種概括性的總結，得出的數據標準，便是所謂的「長短合度」。

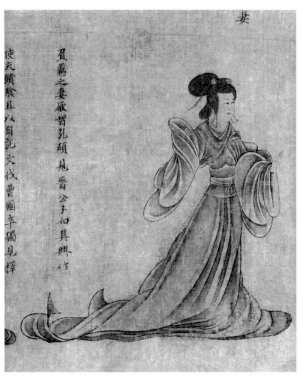

上圖亦為東晉畫家顧愷之所繪的《列女傳圖》（局部），畫中的女性人物均身子高大，露頸，袒胸，面部微揚，幾與畫中男性人物齊肩，是一健婦模樣。

以上兩圖為東晉畫家顧愷之所繪的《女史箴圖》卷局部的白描摹本，其中，仕女的造型依然是闊領寬低、酥胸微袒，其乳房並沒有任何人為約束的痕跡。

　　這兩篇文字中涉及乳房的辭彙只有「厥胸乎滿」，「肥瘠合度」，「胸乳菽發」數語，說的正是，女人的乳房要自然、健康，乳房的發育必須「滿」，必須「菽發」，「肥瘠」必須「合度」。如果偏平、乾癟，便不能列入美女之列，更不可能入選進宮了。可見，彼時女子乳房的自然發育並沒有受到封建禮教的制約，也沒有納入封建禮教的管理範圍。依然要求女人的乳房生得要「白」、要「肥」、要「滿」。

　　漢代的女人也非常珍視自身的形體美，漢廣川惠王劉去的妃子陶望卿生得嬌美，體態婀娜，乳聳臀翹，深得君王寵愛。她對自己嬌好的體膚也頗生自戀，常將畫師邀入後宮，為她繪製裸體肖像，懸掛內宮，供人欣賞。據《漢書》《廣川惠王去傳》記載：每當畫工為其畫像時，她便爽快地脫去上下衣服，赤身露體地擺好姿式，「袒裼粉其旁」，充當「裸模」，任憑畫工仔細畫來。

　　西漢廣川王劉海陽對女人的形體美也有著特殊的愛好。他將宮中美女身材姣好的裸體，都畫在後宮的牆壁上。還邀請文武近臣，兄弟姐妹「坐畫屋為男女裸交接，置酒請諸父姐妹飲，令仰視畫」，供大家欣賞。此事在《後漢書》《廣川王劉海陽傳》中也有記述。後人將劉海陽的這種嗜好，封為「春宮之祖」。不過，這兩則見著史書的記載，說明漢代對女人健康的形體美是十分推崇和欣賞的。

　　如今，考古發現漢代的壁畫、帛畫、畫像磚、畫像石以及銅鏡等文物中，也有相當數量的裸體造型。例如：河南洛陽古墓門壁畫上的「裸體臥女」，河南榮陽王村、四川揚子山、四川彭州市等地出土的舞樂畫像磚、畫像石，都有許多裸體演員的形象。這些裸女胸前的雙乳，也都是異常飽滿豐腴的。

　　四川省博物館和陝西博物館內保存有好幾塊漢代「秘戲」畫像磚，分別出土於彭州市和西安漢代的古墓群中。這類畫像磚上，描畫的都是漢代男女在荒郊野外樹下的交合，或是在閨幃床榻上性交的場景。其中一幅「閨中秘戲」圖中的床榻十分考究，榻上鋪著潔淨的簟席，四周羅幔低垂，枕畔還放著奢華的酒具。榻上男女雙雙赤裸，男子緊抱裸女，撲伏其上；裸女屈居其下，雙腿高舉，交叉盤繞於男子腰際。簪環零亂、雲髻欲墮。女子昂奮，張口欲呼；男子激動，急切欲吻。交歡之樂，曲盡於飛，真切生動，出神入化。女性乳部豐滿圓潤，有血有肉，且富立體感。說明，彼時婦女的乳房並沒有受到任何禮教的壓迫，依然處在天生自然的唯美階段。

上圖為四川出土的東漢時期的秘戲畫像磚，女性乳部豐滿圓潤，有血有肉，且富立體感。說明，彼時婦女的乳房並沒有受到任何禮教的壓迫，依然處在天生自然的唯美階段。

　　從民俗的角度來看，這類畫像的頻繁出現，並非白晝喧淫，傳播淫穢。而是當時民間認為這種題材有「合合美滿」、「如意吉祥」的寓意。並且，起著「陰陽調和」、「驅瘟避邪」的作用。裝飾在居室、廳堂，甚至墓穴之中，也是古人對生活幸福的一種祈福和憧憬。

此圖為著名的「中華第一吻」漢墓石雕。該雕像出土於 1969 年四川滎經嚴道鎮東漢石棺一側。雕有一男一女盤腿而坐，男人左手握女子的乳房，右手撫捫女子的陰戶，作親吻狀，郭沫若戲稱其為中華第一吻。

然而，在諸多出土的漢代東漢雕塑中，多是磚石浮塑和半浮雕，唯不見完整的女性立雕，這是一大遺憾。但郭沫若在二十世紀四十年代就曾寓言，早晚有一天，中國也會出現一尊赤身巨乳的古代「奶拿」。他在《釋祖妣》一文中說：

　　歐洲各地所出土之生殖女神像「奶拿」（Nana），均特大其乳，

　　或以兩手護其下，以為生殖崇拜之象徵。余意如『爽』字形之雕像，

　　將來必有發現於中國之日。

他認為「祖妣」二字本是「牡牝」的初文，來源於先民對生殖的崇拜；「奶拿」二字，則取自英文 Nana 的譯音，代表著生殖女神的塑像。果不其然，這尊女神像真的在三峽地區出現了。她是一尊 50 釐米高的陶俑，有兩個大大的眼睛，頭紮漢式雙髮髻，全身裸體，兩膝跪地，一手撫著健碩的乳房，另一隻手托著凸出的腹部，意在乞天保民，又好似向族人宣示自己頗具繁殖能力的孕身，和頗有育子能力的巨乳，足以母育天下。觀者莫不驚奇。現存於夔門附近的瞿塘關遺址博物館內。

此是一尊 50 釐米高的漢代陶俑，有兩個大大的眼睛，頭紮雙髮髻，全身裸體，兩膝跪地，一手撫著健碩的乳房，另一隻手托著凸出的腹部，意在乞天保民，又好似向族人宣示自己頗具繁殖能力的孕身和乳房，足以白哺育天下子民。現存於夔門附近的瞿塘關遺址博物館。

　　據白帝城博物館名譽館長魏靖宇介紹，這是他前兩年在巫山一帶采風時，無意間在一戶農民家的櫃子上發現的。問訊後得知，是他在當地的一座廢棄的古墓穴中拾到的。於是，魏靖宇花 5000 元買了下來。後經市文物局和復旦大學文物專家們進行了研究鑒定，確認此俑係東漢時期的造像。人們常笑著說：這尊美女出自巫峽，莫不就是宋玉所寫的，「朝為行雲、暮為行雨，朝朝暮暮，陽臺之下」的巫山神女嗎？玩笑歸於玩笑，但這尊女偶的造形，毫不含乎地證明著，漢代生民對女子健乳還是頗為敬重和崇拜的。

（五）晉魏時期標榜女子乳碩胸豐

　　到了南北朝、五胡十六國（304～439）的時代，儘管朝廷更迭，戰事不斷，胡夷南侵、習俗多變。但是，中原地區漢族婦女的乳房審美觀，非但沒有受到影響，反而，由於異族婦女形體和文化中以「豐乳肥臀」為美的習俗影響，受到了鼓舞性的滋養和渲染。「乳碩胸豐」是這一時期婦女形體美的最大特點，我們可以從晉魏時期的敦煌壁畫，和龜茲壁畫中的人物形象得到印證。

以上兩圖分別為甘肅敦煌壁畫和新疆龜茲壁畫中的仙女和樂伎。她們都具有婀娜多姿的腰肢和豐腴飽滿的乳房。說明時人對女性美審視和追求的傾向。

　　龜茲壁畫出現在我國新疆維吾爾自治區的庫車、拜城一帶，那裡有克孜爾千佛洞、庫木吐拉千佛洞和克孜爾朵哈千佛洞等文化古蹟，都是舉世聞名的藝術寶庫。這些古老的洞窟中，繪滿了具有神秘色彩的壁畫。畫中人物栩栩如生、儀態萬千，迄今光彩奪目，大有呼之欲出之感。這些石窟興建於東漢初年，直至大唐建國這一階段。當時，這一地區處於古龜茲國內，所以，今人稱之為「龜茲壁畫」。

　　敦煌壁畫則出自我國甘肅省西北酒泉敦煌，從地理位置來看，它東峙三危，南枕祁連，西接浩瀚無垠的塔克拉瑪干大沙漠，是古代絲綢之路上的經濟繁榮、文化發達的重鎮。這裡有洞窟 492 個，壁畫 45000 多平方米，彩塑2000 多座。自上世紀初被人們發現以後，便成了聞名天下的文化寶庫。敦煌石窟保留了當初五胡十六國、北魏、西魏、北周、隋、唐、五代，直至宋朝等十個朝代、歷經千年的歷史文化，是世界公認的「人類文明的曙光」。

　　龜茲壁畫和敦煌壁畫中的題材，雖然多與佛教故事有關，其中也有很多反映當時社會生活、民俗習慣和勞動人民耕織、狩獵、婚喪嫁娶、社火節慶等內容的畫面。畫中的各色人物生動活潑、千姿百態。從繪畫技法的角度審視，畫中的人體比例適度，結構合理，而且姿態優美，風情萬種；手指纖巧，婀娜多姿，與近代人物的藝術形態並無二致，真實地表現了當時社會的審美

習慣和時人推崇的「人體之美」。

上圖為敦煌壁畫中的《反彈琵琶》，圖中的侍女、舞伎都有著豐滿的臀部和圓潤的乳房。反映出彼時人們對女子形體美的一種追求。

圓潤碩大、吹彈得破的乳房，是壁畫中女性人物形體最為突出之處，藝術表現形式光彩奪目。無論是神佛、仙侶；還是飛天、舞伎、環婢、侍姬或供養人，一個個莫不束腰肥臀，雙乳高聳，極盡曲線之美。

無疑，這些畫中女性的儀態，絕非畫家、畫匠們空穴來風的隨意杜撰。而是源於自然、生活，是彼時時俗、時風的真實反映。當時的龜茲對於中原來說尚屬異域，周圍居住的胡人、羯人、突厥、鮮卑、拓跋氏、羌及氏等少數民族，大多還保留有母系氏族的傳統遺風。女人體格健壯、臀乳發達，是衍生後代、壯大氏族必不可少的條件。豐臀為美、碩乳為美，不僅是女性的榮耀，也是族眾膜拜的福祉。時值「五胡亂華」，異族對中原北部地區不斷的覬覦、侵擾，乃至佔領、建國、統治，使外族的生活習慣、市俗風情，不斷地影響著漢族人的審美取向。這些影響對於後世隋、唐，傾國崇尚女人的「肥美」，奠定了必然的基礎。

據服裝史學家考證，魏晉時期婦女貼身穿的一種內衣名叫「兩當」。它是從北方游牧民族傳入的一種坎背型的褻衣。上有開衩的後片，既可擋胸又可擋背。材質多為手感厚實、色彩豐富的織錦，雙層，有夾有棉，內有襯棉。普遍穿用。可起到擋風禦寒的作用。但是它很寬鬆，並不約束乳房。

（六）唐代性事開放

中國進入盛唐時期，國家富強、政治開明。法治包容，宗教繁榮。它以博大的胸懷團結外域族眾、發展經濟、宣導文化，關心愛護她的子民。在學術思想方面，儒、釋、道、雜，相容並蓄。就連封建文化最避諱的「性」事問題，也得到了徹底的解放。例如《唐書》所載：身為一國之主的皇帝唐太宗，就曾邀集自己的弟弟、妹妹、弟妹、妹夫們一起在宮中聚會，大講「房中秘術」，並親自用「刀入鞘」的反覆抽拉動作比喻，講解男女所行的「周公之禮」。

「上有好者、下必甚焉」，原本只供帝王權貴們獨享的《素女經》、《房中秘術》等書，隨著印刷術的發展與普及，亦順理成章地流入市井民間。昔日嚴禁的色情文學也全面開放，《遊仙窟》、《神女傳》之類的黃色小說，均可市井書肆公開刊行售賣。至使坊間酒肆茶僚中的儒生文人、平頭百姓，亦莫不以嗜談房事為茶餘飯後的談資為娛。

白居易的弟弟白行簡撰寫了一部洋洋數千言的《天地陰陽交歡大樂賦》，在文人雅士們的文章大會上、在達官顯貴們的歌舞廷筵中，人們放聲朗誦，高歌男女交歡之妙，聞者撫掌唱和，好一派花團錦繡，恰似大會無遮。詩中唱道：

> 青春之夜，冠纓之際。花須將卸，乃出朱雀。
> 攬紅褌，抬素足，撫肉臀，
> 女握男莖，而女心忐忑，男含女舌，而男意昏昏。
> 方以津液塗抹，上下擦磨。
> 含情仰受，縫微綻而不知；
> 用力前沖，莖突入而如割。
> 觀其童開點點，精漏汪汪。六帶用拭，承筐是將。
> 莫不上挑下刺，側拗旁揩，臀搖似振，磕入如埋。
> 暖滑烹烹。□□深深，
> 淺插如嬰兒含乳，深刺似凍蛇入窟。

扇簸而和核欲吞，衝擊而連根盡沒。

乍淺乍深，再浮再沉。

濕漣漣，鳴挷挷，或即據，或其捺，

或久浸而淹留，或急抽而滑脫。

方以帛子乾拭，再內其中。

袋闌單而亂擺，莖逼塞而深攻。

縱嬰嬰之聲，每聞氣舉，舉搖搖之足，時覺香風。……

　　這位在官場頗有地位、在文壇頗具影響的大詩人，歌頌男女性生活的歡樂，是那樣的詩情畫意，是那樣的揮灑自然。如同寫花寫草一樣婀娜生動，如同寫蜂寫蝶一般入微纖纖。在詩人的筆下，時人對於女性的乳房更是愛憐備至。前戲之時，「掀起衣裳，散氛氳之香氣。摩挲乳肚，嘗滑膩之肥濃」，盡享著女性乳房所賜與的馨香與溫柔，腴美與醇甜。

　　彼時，興起的道教，集老莊、彭祖、張道陵之說已成氣候。尤其，呂洞賓全真道教的出現，使道教遐邇益彰。呂洞賓名呂岩，原是一介寒儒，相傳他在四十歲時，得遇鄭火龍真人秘傳劍術。六十歲時，又遇鍾離權得其秘傳丹術，遂使道成。由是雲遊天下，普度眾生，著有《呂祖全書》。世間尊為全真道首，名在八仙之列。極受世人崇拜，追隨者無計其數。全真道教分為「行氣、服餌、房中」三派。其中，房中派師承容成子、務成子的教條，以「男女雙修」，行「抽、坎、添、離」之術，鍛煉「嬰孩姹女」之丹，從而，達到「無為」之境和「長生、成仙」的目的。該教提倡男女交媾，依法修行，採陰補陽，久戰不泄，以獲得真精姹血，內煉成丹。可以強身健脾，不老長生。道教修行書《紫金光耀大仙修真演義》稱，男女行房時，女體中有三種大藥：

　　上曰紅蓮峰，藥名玉泉，又曰玉液，曰醴泉，在女子舌下兩竅中出。其色碧，為唾之精。男子以舌舔之，其泉湧出華池，咽之咽下重樓，納於丹田，能灌溉五藏，左填玄關，右補丹田，生氣生血也。

　　下曰紫芝峰，號曰虎洞，又曰玄關，藥名黑鉛，又名月華，在女人陰宮。其津滑，其關常閉而不開，凡媾會，女情姹媚，面赤聲顫，其關始開，氣乃泄，津乃溢。男子以玉莖掣退寸許，作交接之勢，受氣吸津，以益元陽，養精神。

中曰雙薺峰，藥名蟠桃，又曰白雪，曰瓊漿，在女人兩乳中出。其色白，其味甘美。男子咂而飲之，納於丹田，能養脾胃，益精神，吸之能令女經脈相通，身心舒暢，上透華池，下應玄關，使津氣盈溢。三採之中，此為先務。若未生產女人無乳汁者，採之更有補益。

此三峰大藥也。惟知道者，對景忘情，在欲無欲，乃能得之。所以髮白再黑，返老還童，長生不老也。」

這些有言無據的妄談之說，迎和著飲食男女對性的渴望和貪欲。一但交媾的技術演練功成，不僅能「金剛鐵杵、久戰不衰」，即得到了色慾的歡樂，又能養生長壽，甚至還能成仙得道。這種「魚和熊掌」俱可兼得的美事，何樂而不為呢？這套理論迷戀了歷代君王，同樣也蠱惑了無數「善男信女」。他們為此私欲，百倍經心地愛護自己身下的「鼎器」。被譽為「三峰大藥」的女乳，自然要珍重護持，任其無遮無礙地健康生長，供男人在行房之際，摩挲、把玩，吸之，吮之，以使「雙薺峰」的乳汁「取之不禁、用之不竭」。這也是盛唐時風，也是讚賞和提倡女子碩乳的一個重要的原因吧！

（七）盛唐讚賞婦女乳房「白圓滿潤」

唐朝婦女的社會地位有了很大的提高。武則天的稱帝，使舉國上下對「女權的崇拜」達到了登峰造極的地位。她在未登基時，國人已尊之為「二聖」，與高宗皇帝平起平坐。高宗駕薨後，侍御史傅遊藝便率領九百多名「群眾代表」，上疏請求武則天稱帝。朝中臣僚，宗室外戚，諸蕃首領，甚至和尚老道、商賈庶民，也紛紛表態，堅決擁護。於是，武則天便棄去「母儀」直接當了皇帝。並且幾易尊號為「聖母神皇、聖神皇帝、金輪聖神皇帝、越古金輪聖神皇帝、慈氏越古金輪聖神皇帝、天冊金輪聖神皇帝」等等，不下十多個。天授二年（西元691年）關內七州數十萬戶民眾遷居洛陽，集體捐資在龍門鑿建盧舍那大佛。佛的面容均依則天大帝雕刻，豐肥圓潤、豐頤秀目，微笑俯視，縱覽人間。影響所及，遠在日本的光明皇后崇拜武則天，在奈良也修建了名馳寰宇的東大寺。

武則天為權勢縱踴，淫亂宮幃，大搞「性解放」。據《舊唐書》記載：「天后令選美少年為左右供奉。」有據可考的內宮「男寵」，就有柳良賓、侯祥、僧惠范、薛懷義、沈南蓼、張易之、張宗昌等近十餘人。令人瞠目的是，薛懷義和張易之竟還是武則天的兩個女兒千金公主和太平公主親自推

舉的。可見，母女二人同享同一「面首」，這也是破天荒的奇事了。唐代朝野性事的開放之風何其狂野。

單說武則天與高宗合葬的乾陵，聘目遙瞰，何其偉哉！它位於陝西咸陽乾縣以北的梁山之上。為什麼選在這個地方呢？就是因為梁山南北有雙峰高聳，狀如婦人雙乳，俗稱「雙乳峰」。自下向上觀之，正如一位裸婦仰天而臥。史載：當年奉旨選穴的星相家袁天罡和宮中專掌陰陽曆法的太史令李淳風，二人一見此天地造化，驚詫無語，歎為天賜吉地，亘古難尋。由此亦見，唐代崇乳之風何等奇特。迄今，乾陵的雙乳峰依然是旅遊觀瞻的一大勝景。

上圖為乾陵遠眺。武則天死後與高宗合葬於陝西咸陽以北的梁山之上的乾陵。梁山南北雙峰高聳，狀如婦人雙乳，俗稱「雙乳峰」，自下向上觀之，正如一位婦人仰天而臥。由此可見唐人的「戀乳情結」的厚重。

民間盛傳，則天皇帝生前護乳有方，遺有「一浴二課加五味」的驗方，迄今還為醫家傳用。何為「一浴」，即每日清晨需用鮮奶兌入草藥，洗浴雙乳，可以活血潤膚。二課，則指清晨和睡前對乳房反覆按摩，塗抹花露之後，裹以綢緞，保濕護乳。五味，則是在日常飲食中，加食黑豆、核桃、木耳、鯽魚、馬蹄五味，可以保健雙乳豐滿細潤。

我們從史書上可以看到，在武則天主政的時代，上官婉兒的參政，千金公主、太平公主和永樂公主的霸道、驕橫，不僅說明了上層統治階級中的女人有著至高無上的地位，就是平民百姓中的婦女，也有著自主選擇配偶，參與談婚論嫁，以及可以離婚再醮的權力。她們既有與男子等同的發言權，也

享有寬鬆自由的家庭生活。女性的尊貴一度超過男子，以至社會輿論一度產生了「不重生男重生女」的傾向。

社會對美女的認同標準，幾乎恢復到古代謳歌「碩人」的時代。全國上下皆以女人的「白」、「胖」、「富態」為美。「回眸一笑百媚生，六宮粉黛無顏色」，楊貴妃體態的「豐腴」，在則天的孫子玄宗皇帝傾情欣賞和精心的呵護下，成了舉國女子傚仿的樣板。

楊貴妃，乳名玉環，字太真，她是我國古代「四大美女」中地位最高、權力最大的一位美人兒。《舊唐書》稱：「太真姿質豐豔，善歌舞，通音律，智算過人，每倩盼承迎，動如上意。」以至於「後宮佳麗三千眾，三千寵愛在一身」。楊貴妃的乳房豐滿，是「姿質豐豔」的重要因素之一。《隋唐遺史》中記載了這麼一段故事：有一次楊貴妃飲酒失態，衣服滑落，胸乳微露。安祿山在一旁拍手讚道：「滑膩初凝塞上酥」。「塞上酥」指的是北方人食用的一種白麵蒸製的圓燒餅。這一比喻使唐玄宗大笑不止，說道：「你果然是個胡人，只認識白『酥餅』，而不知它味也。」

後來，這一雅謔一直傳入民間。市井百姓將許多種含有乳品的點心，如糖餅、蒸糕等甜品小食，統統稱作「貴妃酥」。直到滿人入關之後的清代，八旗子弟們最愛吃的點心「大八件」，仍然叫作「貴妃酥」。

至於，美人楊貴妃到底長得什麼模樣呢？文字描述無非是「雲想衣裳花想容，春風拂檻露華濃：若非群玉山頭見，會向瑤臺月下逢」。要麼「沉魚落雁之容，閉月羞花之貌」，任憑讀者自由想像，而無具體形態。但是，我們可以從唐代的繪畫和壁畫中管窺一斑。從那些衣著打扮最為考究的名媛、貴婦、供養人的形象中，捕捉到楊貴妃的身影。

唐初，女性外出都要穿一種近似於披風的「冪䍦」，用「冪䍦」將全身遮擋起來。隨著國家的門戶開放，「胡風」傳入，女性的衣著開始「暴露」起來。加之織造技術的提高，露、透、薄、輕的高級絲織品不斷湧現。皇室貴婦、富家內眷的衣著式樣、裝扮，開始向「奇」、「豔」、「華」、「貴」、「露」、「透」的方向發展。諸如唐代壁畫上的皇族、貴婦、供奉、婢女們一樣，一個個肥頭大耳、寬袍大袖、袒胸露臂，豐腴肥美的體態，就是當時流行的「優雅」、「炫貴」的審美取向。

貴族女子服裝在最初「窄袖襦裙」的基礎上，創製出一種「大袖袒胸裙」。這種袒胸貫頭式的新裝，是由大袖衫和高束腰的裙子組成。領口開得

很底,前胸十分敞亮。據歷史博物館的服飾專家考證,盛唐時代的女人是不穿內衣的。胸部乳房的上半部分大都暴露於外,藉以突出乳股溝的優美曲線。貴婦們以輕紗為裙,露肩裸背,從披紗中透出細膩的肌膚,以展示高貴和典雅。當時的男性對這種服裝極為欣賞,紛紛讚美,並給予很高的評價。詩人方干的《贈美人》一詩中稱:「粉胸半掩凝晴雪」;周濆在《逢鄰女》詩中贊道:「慢束羅裙半露胸」;李群玉在《贈歌妓》詩中更加讚揚「胸前瑞雪燈斜照」。諸如此類的名句,都是謳歌美女們半遮半掩、欲露不露的巍巍雙乳。無疑,彼時楊貴妃的衣著,較之一般的名媛貴婦們的「露」「透」,更是有過之而無不及。

除去衣著、頭飾和化妝,當時貴婦的形體美,都是圓圓的臉龐、細小的眼睛、高高的鼻樑、厚厚的嘴唇、雙重的下巴,圓圓的肩膀、高高的胸脯、一對豐乳、肥碩的腰肢、厚墩墩的屁股、小短腿、長腳板。沒有曲線、不見三圍,個個形如「肉彈」,與現代美人的造型大相徑庭。可以想見,楊貴妃的體型之美大概也難出其右。而雙乳豐腴,雙峰高聳,更是必然無疑的了。

上圖為唐永泰公主墓供養人像,體態豐腴,胸部突兀,是當時美人獨具的特徵。永泰公主是唐中宗李顯的第七個女兒,唐高宗李治和武則天的孫女,名仙蕙,《資治通鑒·則天順聖皇后》中說太后春秋高,政事多委張易之兄弟,邵王重潤與其妹永泰郡主、主婿魏王武延基竊議其事,易之訴於太后,九月壬申,太后皆迫自殺。

上圖為唐代出土的女子陶俑。這些人物地位不高，多為女官和侍女，同樣體姿富態，都是圓圓的臉龐、細小的眼睛、高高的鼻樑、厚厚的嘴唇、雙重的下巴，圓圓的肩膀、高高的胸脯、一對豐乳，與現代美人的造型大相徑庭。

上圖為唐代無名氏繪《宮樂圖》，圖中一群貴婦庸懶無聊地聚在一起圍桌宴飲。她們身穿酥胸半露的「大袖袒胸裙」，裙子束在胸際以下，微袒的碩乳是美人標榜的驕傲和富貴的象徵。

　　唐朝女人服飾講究寬衣博帶、長袖過膝，長裙透地，正是要適應她們肥碩豐滿的身軀。我們也可以在唐代畫家周昉的《簪花仕女圖》和無名氏的

《搗練圖》中，看到唐代婦女的日常裝扮。她們在低領袒胸的上衣裏面，貼胸繫以「闊帶」，這種「闊帶」半遮半掩地包裹著雙乳。後來，這種圍乳的「闊帶」就演變成為「訶子」。「訶子」的形制很像現代的「乳罩」，也可以說，唐裝裏的「訶子」就一是現代乳罩的鼻祖。

（八）楊貴妃發明了「乳罩」

「訶子」一詞的由來，發生在楊貴妃身上。《隋唐遺史》記載：有一日，安祿山與楊貴妃私通，不慎手指甲劃傷了貴妃又白又嫩的乳房。貴妃急中生智，命宮女用絲製品做了一塊「遮傷布」繫在自己的胸前，藉以遮護傷乳。因為這塊「遮傷布」的式樣寬鬆，托襯乳房，顯得別出心裁、十分好看。「訶子」護在胸前不僅美化了乳部，且使雙峰高聳，具有挺乳作用。因此，後宮的妃嬪們爭相傚仿，花色不同的「訶子」在大唐女裝中成為一種炫美的時尚。

上圖是唐代大畫家周昉所繪《簪花仕女圖》的局部。畫中美女的服飾奢華富貴，顯然是唐宮貴婦的盛裝打扮。胸前服用的「訶子」尤為醒目。「訶子」二字在字典中的解釋是一種堅果的外殼，殼子罩在乳房外邊，不僅保護乳房，還起到托護乳房的作用。它與後來出現的抹胸、主腰、小衣等專門用來限制、壓迫乳房發育的女性內衣，作用截然相反。

　　歷史博物館服飾專家研究的結論稱，「訶子」是一種無帶的內衣。使用的面料十分講究，有一個專用的名詞叫「織成」。這種「織成」，手感厚實、挺括，略有彈性，穿著方便。服用時，只要在胸下紮束兩根帶子即可。「織成」可以使「訶子」在胸的上部出現直立的效果。將雙乳從容托起，使其更加圓滿高聳，有效地防止乳房下垂，還能防止走動時乳房的顫動，起到托乳、護乳、挺乳、健乳的作用。

　　唐朝的社會風氣很開明，給女子乳房也帶來了很大的寬鬆。當時，有一位女詩人名叫趙鸞鸞，她曾寫了一首香豔的詩，描寫當時美女豐滿的乳房：

　　　　粉香汗濕瑤琴軫，春逗酥融白鳳膏；

　　　　浴罷檀郎捫衣處，露花涼沁紫葡萄。

　　她形容女人的乳房像雪膩香酥的白鳳膏，乳頭像一對晶瑩剔透的紫葡萄，如此鮮活的詩句，在萬卷唐詩中可謂鳳毛麟角。此詩出自女詩人之口，恰說明當時女性對自己的雙乳是多麼驕傲與自豪。此外，還有一首唐人無名氏寫的題為《伸腰》的詩，實際上也是描寫女人的雙乳：

　　　　一團紅玉下鴛幃，睡眼蒙朧酒力微；

　　　　皓腕高抬身宛轉，銷魂雙乳聳羅衣。

　　詩中「皓腕高抬身宛轉，銷魂雙乳聳羅衣」的句子，活生生的畫出唐代女人身著「大袖袒胸裙」，酥胸半袒、雙乳高聳的慵懶儀態。「大袖袒胸裙」是繫在女人的胸口以下，特意要展示女人肌膚的白皙、柔潤，高貴和風流。彼時，在唐朝宮廷內學習的日本使者們，不僅把中國的文字、書法、曆法、繪畫、印刷、建築、機械等先進技術帶回日本，也把唐代婦女的衣著服飾和袒露胸襟的風氣一同帶回了日本。這種唐代的裝束對日本的和服產生了極大的影響。古代日本的壁畫和浮世繪所畫的女性中，處處都能看到被誇張的袒胸和乳房。毫無疑問，這都是對中國唐代風俗的承繼和延續。

　　更有趣的是，古代的高麗國更為誇張，索性把唐代的「大袖袒胸裙」和日本寬鬆的「和服」改造為一種袒露乳房的衣著，名叫「裙赤古里」。清季將領聶士成在考察高麗後著有《東遊記程》一書，其中提到：「朝鮮風俗，男女有別，頗具古風。所最陋者，冬夏皆赤足，男子著麻鞋；婦人裳大衣小（下裝長、上裝短），生子輒露乳於外，嚴寒不顧。」想必這種服裝不僅方便哺乳，更有炫耀女子身體健壯，生育能力旺盛的成份。

　　還有一個原因，唐代提倡女人豐乳是與佛教和西域文化的傳入有關。印

度及西域地區大多處於熱帶和中亞地帶，那裡的男女老少都有長年半裸上體的習俗，這種胸部的袒裎，深深地融浸於佛教藝術的雕塑和繪畫之中。隨著漢族對佛像的崇拜、迎供、塑造，以及各種神祇繪畫的流傳，域外的神女、飛天、女祭司、女供養們豐腴、飽滿、性感的乳房，深深影響和感染著對之頂禮膜拜的善男信女們。寬容的社會風氣，使大唐女人們的乳房也得到自由和無阻礙的滋養。

《搗練圖》是唐代畫家張萱的作品。此圖描繪了唐代城市婦女在搗練、理線、熨平、縫製勞動操作時的情景。畫中人物動作凝神自然、細節刻畫生動，線條工細道勁，設色富麗，其「豐肥體」的人物造型，表現出唐代女子的體貌。《搗練圖》是1912年由日人岡蒼天心從北京一位沒落貴族手中購得，並於當年正式入藏美國波士頓美術館。

上圖為日本浮世繪《穿和服的仕女圖》。日本和服的形制源自唐代婦女的裝束，高領、寬襟、不著內衣，十分寬鬆舒適，後來，演變成日本的婦女國服。古代日本浮世繪中的婦人，從衣著妝束、髮型髮式、音容體態方面，均係唐代遺風。

（九）五代的「慕胡之風」

經歷過極度的繁華與昌盛之後，晚唐開始走向衰微。在五代殘唐六十年的特殊歷史時期，大唐先後分裂為後梁、後唐、後晉、後漢、後周等五個次第更迭的政權。隨後又出現了前蜀、後蜀、吳、南唐、吳越、閩、楚、南漢、南平、北漢等各自為政的十幾個小國。這種軍閥割據的大小政權，造成了「十里不同風，百里不同俗」的局面。據《中國服飾史》論證，此時，婦女服飾出現了兩極分化的傾向。一種受「胡風」影響的國度，女人們的衣著較盛唐時期更加大膽，衣著的「露」、「透」，乳部服飾的處理更加誇張。另一種趨勢，則弱化了大唐裝束，回歸傳統，逐漸變成緊衣窄袖，高腰長裙。

唐代晚期社會的審美標準，是在什麼時候改「肥楊」於「瘦燕」了呢？迄今，並無確考。其實，如果用唯物辯證法來解讀，諸事皆物極必反。「肥美」被推崇到一定程度的時候，便自然就會轉變為「以瘦為美」了。大凡詩人都具有超前意識，李白就敢當著唐玄宗和楊玉環的面大唱反調，寫下千

古絕唱《清平調》：

> 一枝紅豔露凝香，雲雨巫山枉斷腸；
>
> 借問漢宮誰得似，可憐飛燕倚新妝。

這不，李白就明確地呼籲楊貴妃應該「減肥」了嘛！而且，不顧當權者的忌諱，公開對嬌小體輕、能作「掌上舞」的趙飛燕大加讚美，公然提倡！果然，楊貴妃在馬嵬坡香銷玉殞之後，「肥美」就開始沒落了。「櫻桃樊素口、楊柳小蠻腰」之類的「瘦美人」就開始漸露頭角了。

南唐後主李煜崇尚斯文，當他看煩了後宮妃嬪們寬袍博帶的女裝之後，便開始提倡纖巧細膩，婉約玲瓏的衣著了。因之，宮中裝束便以鬆緊合體為美，女人的裝束煥然一新。當女人以嬌小為美佔了上風，她們便開始減肥束胸了。宮人開始用綢布將乳房緊緊地包起來。平胸小乳為美的傾向，受到朝野的廣泛認同。李煜《謝新恩》一詞寫道：

> 櫻花落盡階前月
>
> 象床愁倚薰籠。
>
> 遠似去年今日，恨還同。
>
> 雙鬟不整雲憔悴，
>
> 淚沾紅抹胸。
>
> 何處相思苦，紗窗醉夢中。

這首詞中的「淚沾紅抹胸」，便寫盡了一個嬌小的半裸女子的憨態癡情。徐珂在《清稗類鈔》中說：「抹胸，胸前下衣也。一名抹腹，又名抹肚，以方尺之布為之，緊束前胸，以防風之內侵，俗謂之兜肚。」

是謂上有好者，下必興焉。民間的婦女裝束也隨之變化而變化。這一點，我們可以從五代畫家顧閎中的名作《韓熙載夜宴圖》中看到一些端倪。

《韓熙載夜宴圖》是國寶級的畫作，寬 28.7 釐米，長 335.5 釐米，現藏於北京故宮博物院。這幅作品頗有來歷。據《宣和畫譜》記載：後主李煜想重用有才氣的中書侍郎韓熙載為相。但是，又「聞其荒縱，然欲見樽俎燈燭間觥籌交錯之態度不可得，乃命閎中夜至其第，竊窺之，目識心記，圖繪以上之。」

此圖創作的原委姑且不論，但它如實記錄了那一時期豪門宴樂的真實場景。從中心部分所繪的五位女樂伎華麗的衣著來看，已與盛唐時期貴婦們的衣著迥然不同。昔日齊胸委地的長裙，已不是華筵上的盛裝。原本用硬挺的

「織成」製作的「訶子」，也已由細軟的絲綢「護胸」（抹胸）所取代。儘管這些女人的酥胸還有所展現，但是，已無盛唐時的那種自信與自豪了。

上圖為《韓熙載夜宴圖》的局部《清吹》一節，圖中繪有五名盛裝的樂伎在合奏吹簫。神情各不相同而動態各異。從幾位樂手的衣著來看已與盛唐時期的貴婦們迥然不同。錦紗製作的散帔和齊胸逶地的長裙，已不是華筵上的盛裝；用硬挺的「織成」製作的護乳「訶子」，也已由細軟的絲綢「護胸」所取代。

（十）宋代要求女子遮胸掩乳

前文提到，五代時期婦女的衣著出現了兩極分化的現象，一種回歸保守，而另一種，更加追求者奢華與開放。由於新貴的興起得勢，專橫、驕縱，使得內眷們驕奢淫逸之風亦日盛一日。

據史書記載：宋高祖趙匡胤在陳橋兵變、黃袍加身之前，該國的女人們早已穿起前露胸、後露背，與現代女士晚禮服相似的大袖衫。並且，把托護乳房的「訶子」繫得更高，下身穿的裙子繫得更低，幾乎降至腹臍。衣著花樣

頻出，爭奇鬥豔，紙迷金醉、夜宴無度。「勸君莫惜金縷衣，勸君惜取少年時。花開宜折直須折，莫待無花空折枝」。這首杜秋娘的豔歌，一直為當時的流行歌曲，在全國傳唱。傾國男女都沉醉於「今朝有酒今朝醉」的頹唐之中。

此圖為近期出土的五代殘唐時期的舞女陶俑，她們身穿酥胸半露的「大袖袒胸裙」，裙子束在胸際以下，後背半裸，展示肌膚的白皙柔潤，以示高貴風雅。

待大宋建元之後，趙家政權推崇儒術，罷兵息武，重用文人，推崇孔孟，開始以禮教治國。政府在管理制度方面，也進行了一系列有別於前朝政策的改革。立法嚴紀，運作之細，連女人日常生活的衣著打扮，也都列入了政府規範化的管理之中。

當時的婦女服飾承繼了盛唐和五代的奢侈華麗之風。新朝之初，貴婦們更加追逐新潮，認同「胡風」，衣著的「露」「透」更加誇張。她們為了炫耀富貴和身份地位，服裝、服飾和髮式的極盡誇張，竟然發展到與青樓女子媲美，爭奇鬥豔的程度。詩人崔涯有一首詩嘲諷那些身著奇裝的婦女們；

布袍披襖火燒氈，紙補筐篌麻接弦。

更著一雙皮屧子，紇梯紇榻出門前。

她們愛穿西域胡人的各色皮袍，足下更愛穿「紇梯紇榻」帶響的皮鞋。走在鬧市之中，百般炫耀招搖，簡直像出門接客的妓女一樣。

這種現象造成社會極大反感。民間有諺語諷刺她們：「時人不辨胡與漢，錯把朱門當青樓」。於是，便有好事的諫官向朝廷上書奏事，希望新朝記取五代奢華誤國的教訓，提倡節儉，移風易俗。

這道奏摺得到皇帝趙光義的認同，親筆批示由政府頒發命令，規定官宦人家的婦女要率先遵從禮義，所著服色必須與丈夫的服色一致，要莊重得體、不得隨意胡亂穿戴，譁眾取寵。平常人家的婦女則必須遵守婦德，不准穿著綾縑織造的五色花衣。如此種種，在政令中規定得十分仔細，要求舉國婦女、孺人都得嚴格遵守，不得逾越。

但是，當時的達官顯貴個個驕縱傲慢，內眷更不把這些規定放在心上，依然我行我素，以服裝的時尚華麗來炫耀身份地位，妖冶浮華之風有增無減。有的官眷還借用其夫手中的特權，指使下屬外出公幹經過絲綢之路的時候，專門採購奇裝異服，拿到京都穿戴，在社交場合和家宴上「盛妝炫耀」。皇帝趙光義知道後，對有旨不遵的現象怒不可遏，再下嚴旨，對膽敢穿著西域和契丹男女服裝的人，不管是誰的家眷、地位多高、權勢多大，絕不姑息。一概逮捕，按裏通外國之罪判刑，斬首示眾。他在主政時期，殊殺政敵、廢黜異己的時候，這些人的罪狀都有「驕奢淫逸」、「妖服惑眾」的罪過。這才止住了朝臣們有旨不遵的歪風邪氣。

從此，宋代貴婦的服裝一改唐代「寬、肥、露、透」的特徵，而被「瘦、細、遮、長」所替代。衣著的配色也打破了唐代以豔麗奪目的紅、紫、綠、青為主的慣例，採用各種間色，如粉紫、黑紫、蔥白、銀灰、沉香等色調製衣。婦女的服色逐漸趨於簡樸，淡雅、簡約、文靜。「低胸襦裙」的唐裝被淘汰出局，代之以緊袖短襦、短袖長衣、長裙。上衣則改為高領、直領、緊領，或胸前繫帶式斜領，或對襟交領、雞心領、圓領等等。於是，女人頸下的部分全被上衣嚴嚴實實地遮掩了起來。這樣一來，女子的酥胸、雙乳和乳股溝再也不得外露了。但是，政府要求女子將雙乳掩在衣襟之內，並不意味政府強制女人束胸、束乳。只是要求女子遵從「女德」，規範行事，不提倡婦女高挺雙峰、招搖過市。

　　朝廷所發佈的對衣著服飾的要求，對於下層百姓的制約並不太大。今天我們看到的宋人繪畫中，如著名的《嬰戲圖》、《浴嬰圖》、《郊農紡績圖》等，圖中懷抱嬰兒的婦人，傍晚歸來的村嫗，富裕之家侍婢，她們的乳房自然袒露，並無拘束。又如，建於宋代的四川大足石刻中的「婦人哺乳像」，一位中年婦人堂而皇之地坐在眾佛面前，神態怡然地用豐滿的乳房餵食嬰兒。觀者非但不怪，且與諸佛一併供養。又如《明史‧金忠傳》記載；「金忠微時，其妻抱兒喂乳，袁珙見金妻乳房，曰：夫人當大貴。後果如其言」。這些例子都證明，宋代婦女對待乳房是袒而無忌的。宋人對婦女的乳房也是十分尊重敬畏的，更無任何強制婦人束胸斂乳的痕跡。

大足石刻位於重慶大足區境內，是唐末、宋初時期的宗教摩崖石刻，以佛教題材為主，儒、道教造像並陳，其中有許多反映當時勞動人民生活的場景。這尊婦人哺乳像，堂而皇之地居於神佛之中，可證，時人對婦人乳房的崇敬和尊重，對婦女的乳房並無遮擋、約束之意。

此圖為宋人所繪的《郊農紡績圖》《浴嬰圖》局部，圖中的抱嬰兒婦人顯然出自市井平民之家，豐碩的乳房包在低胸襦裙之內，並無拘束。可證宋代民間尚無女子束胸之惡俗。

（十一）相乳與女子躓跂

　　早在晉魏年間，民間就出現了一種以觀察人身體貌的特徵，藉以推斷他的人生軌跡和命運的職業者，稱為相士。這些相士根據觀察、研究所積累下來的社會經驗，除了鼓舌弄簧的市井之談，還有著述行世，譬如考古學者在敦煌遺存中，就發現有一卷寫本相書，名為《許負相書殘卷》。卷中，除了相面、相體貌之外，乳房也已入相。如《奶臍第廿二》章寫道：「奶如黑藍椹色，貴。奶上多毛，貴，毛三莖共一毛孔，帶綬。奶如婦人奶，富，奶相去一尺三寸，貴。」文字雖然寫的是相男乳，但也給後來相女乳開闢了先河。

　　北宋晚期，由於外夷的入侵，政局不穩、社會動盪、人心不安。「今日不知明日事，明日朝夕又如何？」迷信、占卜之風甚囂塵上。於是，相術大興。上至皇帝、達官顯貴、士大夫，下至黎民百姓，對相術皆頂禮膜拜，信之不

疑,有關相術的理論和著述便應運而生。其中,影響卓著的便是《麻衣神相》《柳莊相法》。這些書為北宋陳摶、袁珙所撰。據傳他們都幼承家學,博覽群書,遍遊名山大川,閱人無數,得其李和等人所傳相術。曾給上百名士大夫算過命,每言必中,轟動江湖。在《麻衣神相》《柳莊相法》等書中,不僅相人的體貌,甚至男人的陰莖、女人的陰毛俱可入相。其中「相胸乳」別有一章。文中寫道:

> 胸中為萬事之府,平正而廣闊者,富貴,凹凸而狹薄者,貧賤,男昂則愚,女昂則淫,圓紫而垂下者,富貴而多子。白小而斜狹者,窮困而蹇滯。胸狹而長,不可求望,胸廣而長,主得公王。胸短於面,法主鄙賤,胸上黑紫,擁兵萬里,胸獨高起,貧賤不已。胸若覆身,富貴名真,胸不平均,未足為人,胸均平滿,豪播天畔,胸有毫毛,必主貴家。

這裡的相乳,有男有女,也就是說,彼時相士在徵得被相男女同意的情況下,可以仔細端詳他(她)們敞胸袒露的乳房。根據乳房的大小、凹凸、狹闊長短、顏色體毛,斷定其一生的榮辱富貴。這也恰恰說明,彼時的婦女對自己的雙乳並非一蓋視為不可見的褻物。

我們從民俗學的角度也能看到,宋代人對女性的乳房也無任何偏見,在一定的場合下,竟可忽略到視而不見的地步。史料記載,宋人特別注重體育運動,馬術、棍棒、蹴踘、蹻踠等競技專長,在當時極為普及。顯赫一時的人物高俅,就因為蹴踘技高一籌,而受到皇帝的欣賞,位極人臣;原本是個小小侍臣的李存賢,因為在蹻踠比賽時摔倒了皇帝,而官封節度使,成為統治一方的重臣。

宋代的蹻踠運動,俗稱「相撲」,比起其他運動尤為火爆,無論天子平民,幾乎人人好之。參與相撲比賽的男人全身赤裸,唯襠下繫有一條丁字大布。其形狀與如今日本相撲運動員的裝束無異。宋人《角力記》一書記錄了一首《題牆上相撲畫》的長詩,詩中寫有男人相撲時的場面:

> 黑漢勾卻白漢頸,白人捉住黑人腰,
> 如人要辨輸贏者,直須牆頹始一交。

有趣的是,宋代民間婦女們也都熱愛相撲運動。比賽時,她們比男人脫得還要徹底,索性全身赤裸、一絲不掛地徒手相搏。根據《夢粱錄》和《武林舊事》兩書記載,女子相撲在當時非常流行。「瓦市相撲者,乃路岐人(民間

藝人）聚集一等伴侶，以圖手之資。先以女颭（即女相撲手）數對打套子，令人觀睹，然後以膂力者爭交。」

史載，嘉祐年間的一個元宵節，宋仁宗召令民間高手入宮比賽相撲。其中，以婦人的裸體相撲最受歡迎。張萱在《疑耀》一書中記載了這件盛事。他寫道：「上有天子、下有萬民，后妃待侍，臣僚縱觀，而使婦人裸戲於前」，皇帝、皇后、嬪妃、內眷和臣民一個個都看得手舞足蹈、不亦樂乎。比賽完畢，皇帝還親自向獲勝的女冠軍厚賜金銀和絹帛，以為褒獎。在激烈的比賽時，裸女們的肢體、容貌和乳房，均已淪為觀眾視而不見之物，只有相撲的勝負才是萬人矚目的焦點。

對於這種女子運動，在場的只有宰相司馬光認為不雅，粗俗不堪，實在看不下去。賽事結束後，他便向皇帝上了一道《請停裸體婦人相撲為戲》的奏摺，要求聖上降旨，取締這種傷風敗俗的運動。他寫道：

> 「臣愚，竊以宣德門者，國家之象魏，所以垂憲度，布號令也。今上有天子之尊，下有萬民之眾，后妃侍旁，命婦縱觀，而使婦人贏戲於前，殆非所以隆禮法，示四方也。陛下聖德溫恭，動遵儀典，而所司巧佞，妄獻奇技，以污瀆聰明。竊恐取譏四遠。」

並要求：「今後婦人不得於街市以此聚眾為戲。」

至於，他的意見被不被皇帝採納，不得而知。但司馬光的這篇奏摺，迄今還保存在《司馬溫公集》之內。

另據南宋吳自牧所著的《夢粱錄》記載；宋代著名的「女相撲手」很多。其中，囂三娘、黑四姐、韓春春、繡勒帛等人，都是名震遐邇的高手。「女相撲手」的存在，恰好證明宋代雖有要求婦女遮掩乳房的法律條文。但並不要求婦女人人束乳束胸。

女子相撲運動也傳到了日本，同樣受到日本國上下一致的讚賞。據西元720年日本編撰的《日本書記》記載，雄略天皇（日本第21代天皇）即位時，也曾「令宮女脫其衣，去其裙，著以兜襠，令相撲之」。女子相撲運動在日本受歡迎程度雖比不上男相撲，但在古時也踞有一席之地。

左圖為陝西宋墓出土的木刻《相撲圖》，此圖係刻在木箆把手上的裝飾。右圖為日本古代浮士繪《相撲圖》。

彼時，域外的少數民族對性和女子的乳房則更為開放，女人的頭髮、乳房、面頰、頸項、舌、口、手、足、乃至陰部和肌膚均可入詩。例如，遼懿德皇后蕭觀音的《十香詞》就頗有代表性。她描寫女子的乳房時寫道：

> 紅綃一幅強，輕闌白玉光；
> 試開胸探取，尤比顫酥香。

同樣，我們今日發現的《敦煌曲子詞》中，也有不少描寫女子乳房的詩句：

> 胸上雪，從君咬。
> 恐犯千金買笑。
> 喜秋天潘郎妄語多。
> 夜夜道來過。
> 賺妾更深獨弄琴。
> 彈盡相思破。

「為了留住檀郎的花心，奴家願袒開雪白的雙乳，任其吮咬。」這也反映出彼時市井兒女閨幃生活的一種習俗。

二、束胸的歷史（元1214～晚清1897）

（一）蒙古帝國的入侵迫使漢族女子束胸

中國歷史發展到南宋嘉定四年，也就是西元1211年的時候，漢族女子的天乳遭到了史無前例的摧殘和屠戮。華夏民族、包括當時佔據北京、河南、河北、山東、山西、陝西諸地的金國，遭遇到滅頂之災。中原的子民幾乎全部遭受蒙古帝國侵略者野蠻的屠戮，差一點兒亡國滅種。北方的婦女蒙受著慘無人道的姦淫和殺戮。為了生存、為了苟活性命，她們被迫折損自己的肉體，自殘乳房，開始了歷時七百多年的婦女束胸史。

1162年，荒漠的蒙古草原誕生了一個「魔鬼般的天神」，他的名字叫孛兒只斤‧鐵木真，也就是後世人稱的成吉思汗。《蒙古秘史》稱，他生下來便吃生肉，力大無窮，五六歲可以與蠻牛相搏。十幾歲就成了部族首領，率眾爭戰、勇猛無敵，殺人越貨，如宰牛羊。1206年，他率領一群梟勇的騎兵，通過無數野蠻的征戰殺伐，統一了蒙古部族，建立了強大的大蒙古帝國。就此，他集傾國的兵力，開始對周邊各國發動了瘋狂的侵略戰爭。

當時的蒙古族部尚處於半開化的母系氏族社會階段，族眾男女在草原上住帳篷、牧牛羊，過著近於茹毛飲血般的游牧生活。蠻荒的大草原、惡劣的生存環境，磨練出一個不畏艱苦、能征善戰，驍勇剽悍的野蠻民族。他們的騎兵爭城奪池，如掠平地；燒殺截掠，如除草芥。在冷兵器時代，這些擅於騎射的兵勇，便成了不可戰勝的天之驕子和無堅不摧的神勇戰神。

孛兒只斤‧鐵木真（1162～1227），大蒙古國可汗，尊號「成吉思汗」，意為「擁有海洋四方「。出生在漠北草原斡難河上游地區，取名鐵木真。1206 年建立大蒙古國，此後多次發動對外征服戰爭，征服地域西達中亞、東歐的黑海海濱，北及俄羅斯，南及中國、印度。1227 年，他在征伐西夏的時候去世，密葬於內蒙大草原。

　　中國蒙元史權威韓儒林先生主持編纂的《中國大百科全書‧蒙元部分》，在充分肯定和讚頌蒙古帝國的入侵，有結束宋代皇權的腐朽統治和促成多民族大融合的功績，但也記述了一些蒙古兵勇的野蠻殺掠，使中原地區人口銳減的事實。翦伯贊和鄭天挺先生編輯的《中國通史參考資料》中，同樣也保存了元初一系列戰爭的史料。例如：1211 年，蒙古騎兵攻下金國的首都中都（即今日的北京）的時候，放縱兵勇大肆屠城。他們對城中手無寸鐵的百姓進行了一個多月的大屠殺，將全城的男女全部斬盡殺絕，老少無一幸存。他們把人殺光之後，便縱火焚城，燒毀了北京城內外的一切房屋建築。使這座千年古都瞬間夷為平地。這也是北京城至今沒有發現一處宋代建築物的根本原因。

　　但是，這些在文化大革命之前發表的文章，是在極「左」思潮影響下，為了強調「成吉思汗是我們的汗」，「奉命修史」。因而，故意掩蓋了蒙古帝國在侵略戰爭中對中國人民、中亞、東亞乃至歐洲人民所犯下種族屠殺的滔天罪行，而為世界史學家們所垢病。

上圖為蒙古侵略軍在追殺建都於北京的金國兵勇。原畫與紙本水彩，繪於十四世紀見於大英博物館。

　　文革以後，史學界也進行了「撥亂反正」，以實事求是的研究態度對元史進行必要的修訂。2015 年，寧夏出版社出版了著名的阿拉伯歷史學家伊本·阿·阿特的巨著《歷史緒論》上下兩卷。書中，詳實地記述了蒙古兵勇在北京進行的慘絕人寰的大屠殺：

　　　　歷史上從來也沒有發生那麼可怕的事，哪怕是接近這樣的災難也沒有，人類哪怕到了世界末日，也再不可能看到其他類似的災難了，即使是對抗救世主的惡人，也不過是消滅那些反對他的人，還會饒恕跟隨他的人。然而，這些蒙古人對任何人都沒有一點憐恤，他們殘酷地殺害了婦女、男人和兒童，甚至切開孕婦的肚子，把裏面沒有出生的嬰兒殺死。在奧可斯城，有一個婦女在被殺前叫喊她可以給蒙古人珠寶，饒她性命，結果蒙古人聽到珠寶被她吞到肚子裏以後，就立刻把她的肚子剖開，取出珠寶。成吉思汗得知後，就命令以後把所有的人肚子都剖開，檢查裏面是否藏有珠寶。為了徹底殺盡所有的人，蒙古兵還常常假裝撤離，引誘隱藏的幸存者走出來，再把他們殺死。總而言之，蒙古兵所做的，就是除了能幫他們製造武器裝備的工匠以外，把所有的異族人統統殺盡。如果有幸存者，不是因為他們寬容，而是他們力所未及和無意間的疏漏。

上圖為商務印書館出版的波斯人歷史學家志費尼著《世界征服者史》一書的插圖。野蠻的蒙古兵在中亞地區進行慘酷屠殺的同時，還進行了瘋狂的「性殖民」。所到之處對婦女進行姦殺淫虐，至使今日歐亞不同種族的男女的身上都存有蒙古人的血脈。

　　商務印書館於 2004 年出版的《世界征服者史》一書，是 13 世紀波斯史學家志費尼（Malik Juwain 1226～1283）撰著的一部舉世公認的歷史力作。書中記錄了蒙古帝國遠征歐亞的歷史過程，也詳細地描寫了蒙軍殘酷的屠城史：

　　　　成吉思汗和他的騎兵每到一處，毫不例外地把當地的男女老少，按照一百人為單位聚集起來，然後，分給手下兵勇進行屠殺。這些蒙古兵使用各種殘忍的手段強姦、殺人，令人慘不忍睹。他們對宰割的對象進行百般折磨，恣意取樂。受害者臨死前淒慘的哀號和殺人者的歡聲笑語摻雜混在一起，形成了一片正常人無法視聽的人間地獄。北京城內血流成河，屍骨如山。他們把死人的頭顱割下來，按照男女老少分類，擺成一座座高高的金字塔，用以炫耀他們的戰績和武功。蒙古兵燒毀了城中所有的殿宇和房屋，腐爛的死屍污染了城中的水井，即使有僥倖逃脫的幸存者，最終也都凍餓而死，或被瘟疫奪去生命。

尚鉞主編《中國歷史綱要》一書對蒙古消滅了金國以後，繼續南侵時屠殺了中原漢人的統計數字大約有四千多萬。明代撰修的《元朝史》也清楚地記載了，蒙古兵勇所過之處，「人口幾盡，其存者以戶口計，千百不一餘」，「兵荒之後，遺黎無幾」。成吉思汗率領虎狼之師攻佔了西夏國都銀川後下令屠城。半月之餘，全城數十萬人被姦殺殆盡，貴族平民，男女長幼、寸草不留。也就是這一年（1227 年）成吉思汗暴亡。

關於成吉思汗的死，說法不一。《元史》稱其在圍獵時，墜馬跌傷，失血而亡，時年 66 歲。另一種說法，是曾出使蒙古的羅馬教廷使節約翰・普蘭諾・加賓尼向教皇提交的出使報告──《被我們稱為韃靼的蒙古人的歷史》中說，成吉思汗死於雷擊。第三種說法，是成吉思汗死於西夏王妃古爾伯勒津郭斡哈屯手裏。《馬可・波羅遊記》說，這位西夏王妃乘陪寢之機，用「毒藥」毒死了他。而成書於清朝康熙元年的《欽定蒙古源流》一書，則說是西夏王妃在寢帳中刺殺了他。但是，俄羅斯歷史學家從民間搜集到的眾多資料則表明，成吉思汗是在淫樂中，被滿懷國仇家恨、剛烈成性的西夏王妃古爾伯勒津郭斡哈屯，用牙咬斷了他的生殖器，使其血崩而死。

許多史學家贊同此說。古代，凡侵略軍以武力佔領它國領地或城池之後，燒、殺、搶、掠都是對兵勇的一種獎勵，隨意強暴婦女、姦殺淫樂，更是鼓勵那些孤夫鰥勇們士氣的一種有效的刺激。而侵略軍的魁首要強迫戰敗國的王妃侍寢，更是勝利者展示權力和淫威的一種手段。而野蠻的蒙古侵略軍對此種「貫例」貫徹得更為徹底。西夏國都銀川慘遭屠城的時候，王妃古爾伯勒津郭斡哈屯被虜，因其生得美貌，依例被赤條條地送到成吉斯汗的床上。一個手無寸鐵的婦人，不可能身帶利器和毒藥，只有牙齒是她最為犀利的武器。她利用前戲的口交之際，一口咬斷了這位「只識彎弓射大雕」的命根子，使這位千古魔頭當即暴亡。這是一種何等慘烈悲壯復仇！所以，對成吉思汗死後的屍身要進行「不見天日」的秘密安葬。在移靈的路上，凡是見過靈柩的人一律殺光。史書記載，僅其回歸草原的一路，沿途便屠殺無辜百姓十萬餘眾。這與成吉思汗不光彩的死亡，有著密切的關係。

在長達幾十年的侵略中，成吉思汗和他的蒙古兵勇每到一地，每佔一國，都殺死所有男人，姦淫了所有的女人。他們除了用無情的冷兵器消滅異族人口之外，還用炙熱的生殖器進行了徹底的「性殖民」。史學界稱，蒙古兵勇的侵略，不僅擴大了統治的疆土，它還是一駕巨大的繁衍後代的「播種

機」。據人類學家對遺傳基因的統計，目前世界上有 1600 萬的歐、亞男子與蒙古種族有著緊密的血緣關係。成吉思汗和他的繼承人忽必烈屠殺了中國 1800 萬人，中國北方百分之九十的漢族平民慘遭種族滅絕。四川在蒙古帝國屠殺前，估計有 1300～2000 多萬人，屠殺後竟然不滿 80 萬人，幾乎成了無人區。在蒙古人殺戮性的統治下，中國喪失了近 7000 萬人口。蒙古帝國在中國境內的種族滅絕，作為世界記錄被登載在 1985 年版的《吉尼斯世界記錄大全》之中。

不少中外文獻記載；蒙古兵勇在出征打仗是從來不帶食物的。他們曾自豪地宣稱：「只要有人的地方，就有他們的糧食」。作為戰士，「只有戰死，永遠是餓不死的」。因為，人肉就是他們的糧食。蒙古貴族撰寫的《蒙古秘史》一書，曾高度贊揚蒙古兵勇戰無不勝的軍威，寫道：「蒙古將軍哲別、忽必來等人，在打仗的日子裏，一向是以人肉作為行糧的。」據方濟各會修士卡皮尼所述：「他們吃所有能吃的東西，他們吃狗、狼、狐狸和馬，迫不得已時，他們還會吃人肉以及馬的胎衣。」

南宋出使蒙古的官員彭大雅、徐霆合著的《黑韃事略》中也記載：他們親眼看到，「牧而庖者，以羊為常，牛次之，非大宴會不刑馬。火燔者十九，鼎烹者十二三，嚼而先食，然後食人。」元人陶宗儀所著的《南村輟耕錄》裏也說：

> 天下兵甲方殷，而淮右之軍（即困守淮右地區的蒙古軍）嗜食人，以小兒為上，⋯⋯或使坐兩缸間，外逼以火。或於鐵架上生炙。或縛其手足，先用沸湯澆潑，卻以竹帚刷去苦皮。或盛夾袋中，入巨鍋活煮。或男子止斷其雙腿，婦女則特剜其兩乳，酷毒萬狀，不可具言。

據說，女人的雙乳和男人大腿的內側肉，切片兒涮而食之，最嫩、最香。名醫李時珍在其所撰寫的《本草綱目》中，都列有「人肉」一條，稱：「人肉曰『想肉』，食之而使人想也。」翻成白話就是：「人肉好吃，吃後總想再吃，是謂「想肉」。足見，在蒙元時代有不少「食人肉」的記述，已是見怪而不足為怪的事情了。

就是今天修建在內蒙成吉思汗陵一側的「內蒙古歷史文化博物館」也不諱言其事。並且，把蒙軍在侵略戰爭中姦殺婦女，煮食俘擄的場面，毫無避諱地畫在歷史長卷之中，公開陳列展覽。

上圖為《蒙古歷史長卷系列油畫》的局部「七十個鐵鍋煮食俘擄」。畫中描繪 1191 年「十三翼之戰」時，蒙古兵用鐵鍋煮食失敗者的場景，該長卷由內蒙古美術館館長王延青組織內蒙古 20 多位油畫家集體創作。現收藏於內蒙古成吉思汗陵「蒙古歷史文化博物館」內公開展覽。

　　即使在忽必烈佔領中國，稱帝建元之後，蒙古統治者依然沒有放鬆對漢人的殺戮。南宋遺民徐大焯在《燼餘錄》中寫道：忽必烈稱帝時，降旨把國人分為四等，一等為蒙古人，二等為色目人，三等為漢人，四等為南蠻。他們視南人為禽獸，毫無人權和生命保障。元朝為了鞏固統治，在民間基層設立保甲制，以二十家漢民為一甲，指派一名蒙古兵充當甲主，負責監視全甲居民。他們禁止漢人打造鐵器，不准打獵、不准聚眾、不准學習武藝，甚至不准夜行，每二十戶合用一把菜刀，一組農具。這名蒙古兵就是這二十戶漢人的「活祖宗」。他的衣食住行，甚至肉慾的需求，全由這二十戶人家分擔供養。蒙古甲主不僅對這二十戶漢人有驅使奴役的權力，還握有鞭撻問罪的生殺大權，對甲中漢民的妻子有姦宿權，對這二十戶兒女的婚嫁，還享有「初夜權」。

　　在蒙古統治者眼中，漢人不是人，是奴隸、是牲畜，可以任意驅使宰殺。漢人被殺，只需賠償一頭毛驢了事。蒙古人為了試驗腰間的佩刀是否鋒利，可以隨便在街上抓一個漢人試刃，殺死也不算犯法。蒙古兵勇自小在荒野草甸長大，渴望女人，天生的戀乳情結極重，長到十幾歲的時候，夜間還要偎在母親懷中，抱乳而眠。成人之後仍然視女人的乳房為食物和發洩獸慾的性

具。一旦掌握刀槍，成了侵略的兵勇之後，一見到異族女人便如蠅噬血，不論時間、地點和場合，必欲姦之為快。如果女人的天乳康健，雙峰高聳，更容易招來色狼覬覦，徒遭橫禍，非姦即死，無一幸免。

在這種淫邪的高壓之下，漢族的女孩為了避禍，紛紛放棄了脂粉修飾，蓬頭垢面、閉門不出：身著破衣襤衫，把自己扮成醜陋的乞丐和醜婦，以避豺狼的覬覦和傷害。全國上下都染上了「懼乳症」，家長們都把自己的女孩兒當男孩兒來養。女孩兒一旦進入青春發育期，母親便早早用一束寬布帶子把她的胸口緊緊地纏繞起來，不讓她們的雙乳正常的發育，避免招來橫禍。

數年前，筆者在溫哥華片打東街的一間華人圖書館保存的老舊文獻中，讀得一本民國二年中華會稽書局刊印的清人鄭天際撰《瓢庵雜憶》一書殘卷。其中有「束胸避禍」條。寫道：

> 幼聞太祖文濤公云，元初韃子南侵，國乏良將，軍事不敵，屢戰屢敗，節節退守、節節潰散。北方難民常扶老偕幼、魚貫南下。伍中多男子翁仲，少有婦人小姑隨行。訊及北方兵燹，頓時啼哭一遍，哀嚎動天，歷數韃子兇暴殘忍、無異禽獸。一路燒殺屠城，片草不留。鄉人聞之，無不掩泣。問及婦姑兒女，始知伍中蓬頭墨面之少年小童者，多是婦姑女孩。因逃難避禍，束胸削髮，更衣換履，充作男丁，禹禹隨行耳。眾人聞之皆淒然吞聲。因懼恐韃子將至，鄉里婦姑，紛紛效法，以備不測。此俗遂漸行矣。

當時，女子束乳的方法很簡單。《元人筆記》中有這樣一段記述稱：漢人少女在天葵初潮之時，由母親用一幅寬不盈尺的細布，在胸前緊緊地纏繞兩周，再用針線密密縫牢端際，如同綁上貞節帶子一般。時間長了，便有效地限制了乳房的長大。其方法與女人用包腳布纏足一樣，是一種很野蠻殘酷的刑罰。待這些小姑娘長大之後，胸部就成了平平的「板鴨胸」。

最初，女子束胸本是一種避禍的權宜之計，並沒有其他的想法。但經過元朝十五帝、一百多年的統治，民間的這種積習就逐步演變成了一種風俗。女人原本自然發育的天乳就此發生了改變，束胸成了天經地義的事情。在世人的眼裏，對女性美的審視標準也來了個天翻地覆、陰陽顛倒的變化。「溜肩膀、含胸、水蛇腰、削臀、小腳」，則成了「女性美」的事實標準。

及至元代末年，蒙古貴族逐漸漢化，殘忍野蠻的習性漸漸隱退，漢制復興，科舉、文治、禮教、經濟與大漢習俗日趨回歸。唯獨女人束胸一事並未革

除，反而成為定例。漢族女人在長期被外夷壓迫和社會輿論的薰炙下，不僅不敢以自己健康的乳房為美，反而發展成自覺自願、自輕自賤地以健乳為恥的程度。高聳、豐腴、健康的乳房已被社會輕賤而不容，女人們不得不自覺地用束胸布把自己的乳房壓得扁扁平平，深深地裹藏在寬大的衣服裏面，嚴密遮掩，不敢見人。究其根源，這都是大蒙古帝國入侵造的孽。

元代不僅迫使婦女束胸，而且還恢復了專對女子實施的裸刑。裸刑，是古時官方針對女性「罪人」的一種刑罰，就是在處刑女犯時，把她們的衣服當眾剝光，露出乳房和臍孔，甚至陰戶。藉以貶低她們的身份，還要對其人格和肉體進行施虐和羞辱，用意十分下流齷齪。諸如，前秦叛將姚萇在俘獲了符堅的妻子毛皇后時，在光天化日之下，將她剝光身體，當眾強姦了她的身子，然後再砍下她的頭臚示眾。隋朝大將崔義旋在處決女傑陳碩時，也是先剝去她的衣服，再割去她的雙乳，百般折磨之後，才當眾斬首。尤其，令人髮指的是漢朝的呂雉。在她掌權主政之後，出於妒心，竟將戚夫人剝得一絲不掛，剁去手足，割去雙乳，剜眼斷舌，刑為「人彘」。這些施於女人肉體的惡刑，歷來為人所不齒。北魏孝文帝當政的時候，他認定對女子施以「裸刑」的行為，是極其下流無恥，有失人倫道統，更有損國體名教。於是降旨，明令取締一切濫施於婦女的「裸形處決」。這一法規，一直沿用了很多朝代。

但是到了元代，蒙古人的統治之下的政府，公然又恢復了對女犯人的裸刑。彼時，婦女的處境本來就十分低微，犯了罪的女人更處在非人的地位。元朝政府將她們裸身處決，不但不認為有傷風化，反而堂而皇之的貫徹施行。而且，裸刑被發揮得淋漓盡致，在審判和處置女犯時，還增加了專門糟蹋蹂躪女性乳房的科目。如，用鐵夾子夾乳，用粽毛刷子刷乳，用鐵荊棘刮乳，用刀子割乳，這些殘酷的非刑，令人慘不忍睹。更有甚者，在百般辱乳之後，最終還要將其赤身裸體的插上「木驢」。

元代戲劇家關漢卿曾寫了一齣千古名劇《感天動地竇娥冤》，故事描述元朝一位市井婦人竇娥被人污陷入罪，最後判為死刑。刑前竇娥呼天愴地的喊冤：「地也，你不分好歹何為地！天也，你不分賢愚狂作天！」但是，得不到任何同情，依然綁赴刑場、剝盡衣服、開刀問斬。這個劇本在刊行時，所附的木刻插圖表明，竇娥受刑之前還遭受了非人的裸刑。她光著身子，捆綁跪地，在儈子手的淫威之下，當眾受辱。可見，元代的暴政對女性的殘害與凌辱到了何等地步。

上圖為元代大戲劇家關漢卿撰寫的名劇《感天動地竇娥冤》之刊本插圖。市井婦人竇娥被人污陷入罪，最後判為死刑。刑前竇娥遭受裸刑，被剝去衣服，捆綁跪地，當眾受辱。足證，元代暴政對女囚的殘害與凌辱。

魯迅在《隨便翻翻》一文中說過：

> 幼小時候，我知道中國在盤古氏開闢天地之後，有三皇五帝……宋朝，元朝，明朝，我大清。到二十歲，又聽說我們的成吉思汗征服歐洲，是我們最闊氣的時代。到二十五歲，才知道所謂這我們最闊氣的時代，其實是蒙古人征服了中國，我們做了奴才。直到今年八月裏，因為要查一點故事，翻了三部蒙古史，這才明白蒙古人的征服斡羅思，侵入匈、奧，還在征服全中國之前，那時的成吉思還不是我們的汗，倒是俄人被奴的資格比我們老，應該他們說，我們的成吉思汗征服中國，是我們最闊氣的時代的。

（二）明代政府強迫女子繫縛「主腰」

如果說明代之前女子束胸，還處在一種複雜的時代背景之下的被動行為。到了明代，女子束胸便成為一種政府的強制規定。明太祖朱元璋在親自制訂的《大誥》中，將女子胸前的束胸布正式命名為「主腰」。他明令要求女子自豆蔻之年起，必須日日著用此物。為了鄭重起見，朝廷還特意規定了這種束胸布的顏色。

朱元璋發於草莽，他和他的起義軍隊對蒙古人恨之入骨。自揭竿起義起，浴血奮戰了二十餘年，最終驅除了韃虜，平定中原，天下得以一統。朱元璋掌權之後，連下數道聖旨，強令要徹底剷除異族統治時期的所有遺痕和陋俗，全面恢復漢制。他對元朝的「胡政」、「胡令」、「胡法」、「胡制」一概廢除；對於「胡風」、「胡俗」、「胡服」、「胡姓」也要一概推翻。詔旨明確要求治下男女「衣冠，悉如唐代形制」；民間女子的袍衫，只能用紫綠、桃紅以及淺淡的顏色，不能使用大紅、鴉青、明黃三色。女人服用的各類系帶、束胸用的「主腰」，只准使用藍絹製作。

對於女子的形體要求，凡有依從「胡俗」之處，譬如天足、天乳，一概強令反正。蒙古女人不是大腳板嘛？那麼，我治下的漢族女子必須全是纏足小腳！女人的腳要從孩時裹起，裹得越小越好。當時民間流行的一種木椅加軸轆的「纏腳機」，就是明初時期發明的。胡人的女子不都是坦胸大乳嘛？那麼，我們大漢女子就必須窄胸小乳！而且，乳房越小、越平、越好。強令漢族女人的乳房一定要與乳峰高聳的「胡女」有所區別，否則，便是從胡，便是淫蕩。漢族女人「纏足」和「束胸」，標誌著「大漢文明」的驕傲和曙光。

朱元璋的太太馬皇后原本出自平民之家，生有一對天乳，一雙大腳，半生勞作，隨軍征戰，生兒育女，助夫成就大業，身為國母，功不可沒。儘管如此，朱元璋依然最恨治下的女人放縱乳房、放棄纏足。明代野史中記有朱元璋微服私訪的一個故事。一日，朱元璋換了便服，不帶隨從走出宮門，親自體察民情。當他走在街上，見到一處牆壁上畫了一位上身袒露一對碩乳的大腳婦人，懷中抱著一個大西瓜。這原本是市井小民無意所繪的一幅漫畫。朱元璋見了勃然大怒，認為這是有意影射馬皇后，與新法作對，明目張膽地反對女子束胸，纏足。於是，一聲令下，將這一街人口統統殺光。

朱元璋的這些矯枉過正的政策，嚴重地損害了千百萬漢族婦女的身體健

康。女人纏足，不便行走，無法從事體力勞動，影響了社會生產力的發展；女人束胸，使她們的乳房發育不良，奶袋乾癟、乳管細小，孩子們吃不到健康的母乳，殃及大漢民族的後代子孫的茁壯成長。整個民族積弱積貧，自此開始！

　　這一變化，我們可以從明代的仕女畫中得到證實。例如，明代大畫家唐寅的傳世之作《四美圖》，便可管窺一斑。

　　唐寅生於明成化六年，字伯虎，號六如居士，蘇州府吳縣人氏。他筆下的仕女，體態勻稱優美，削肩狹背，柳眉櫻唇，額、鼻、頜，均施「三白」，體現出時人追求清秀俊美的審美風尚。畫中人物所穿的服裝已與前朝大不相同。她們大多身穿褙子。這種褙子的樣式，可分為合領和對襟兩類。凡對襟，大袖的褙子，通常為貴婦禮服；凡對襟，小袖的褙子，通常作為普通婦女日常穿用的便服。但是，無論是合領的褙子還是對襟的褙子，領口都是窄小的。緊扣女人的玉頸之下，牢牢地把胸口遮擋得嚴嚴實實，絕不讓半點春光淺露。畫中人物的前胸線條十分平直，絕無一絲凸凹的曲線，可見胸前雙乳早被主腰牢牢緊束，無法昂首高聳了。平胸低乳，削肩狹背，屈腰斂臀，成了明代美女造型的基本特徵。

上圖為明代畫家唐寅所繪《四美圖》之局部。唐寅生於明成化六年（1470 年）。字伯虎，號六如居士，南直隸蘇州府吳縣人，明代著名畫家、詩人。他筆下的美人都是削肩狹背，含胸斂臀，雙乳明顯地已被主腰牢牢緊束，而無法昂首高聳的了。

　　明代建元之後，政治上推崇程朱理學，從道德觀念上，對婦女身心進行了更加嚴重的摧殘和迫害。所謂「程朱理學」，原是北宋大儒程顥、程頤等人在儒學的基礎上發明創造的一套理論。經過朱熹進一步的完善，成為集哲學、政治、道德、學識於一系統的「大學問」。用以衡量知識分子「修身、齊家、治國、平天下」，為立身建業的唯一標準。程朱理學把「天理」視作哲學的最高範疇。「理」無所不在，不生不滅，不僅是世界的本源，也是社會生活的最高準則。在人性論方面，提倡「禁慾主義」，要求人們應該通過「居敬」、「窮理」來變化自身的氣質。「三綱五常」是理的「流行」。它要求所有的飲食男女都要「去人慾，存天理」，自覺地遵守「三綱五常」，才能成為道德的典範。

　　朱元璋提倡程朱理學，將之奉為國家的正統思想，在社會各方面、各階層全力推廣。使這套理論成為官、民日常言行的是非標準和「識理踐履」的主要內容。從此，明代以降的數百年間，程朱理學在政府選擇官員，控制人們的思維、教育人們「知書識禮」、塑造人的性情、維護社會穩定等方面，起到了重大的作用。同時，理學中的封建道德觀和禁慾主義，也成了摧殘人性、壓迫殘害婦女和「以理殺人」的工具。

上圖為程朱理學的創始人，宋代學人程顥、程頤兄弟的畫像。明代朱熹將其完善並發展成一大儒學流派。他認為理是宇宙萬物的起源，並將善賦予人成為本性，將善賦予社會便成為「禮」。理是宇宙萬物的起源，萬物「之所以然」，必有一個「理」，而通過推究事物的道理，可以達到認識真理的目的。理學對婦女的精神壓迫和迫害至為嚴重，流毒也至為深遠。

　　程頤對婦女貞操問題曾明確地說：「凡取以配身也，若取失節者以配身，

是己失節也。」有人問他:「寡婦貧苦無依,能不能再嫁乎哉?」程頤認為這是「絕對不可以的。」他說:「有些人怕凍死餓死,才用飢寒作為藉口再嫁。」他提出「餓死事小,失節事大」(見《程氏遺書》卷二十二),作為衡量婦女賢淑的唯一的是非觀。朱熹同意他的觀點,說:「昔伊川先生嘗論此事,以為餓死事小,失節事大。自世俗觀之,誠為迂腐;然自知經識理之君子觀之,當有以知其不可易也。」他主張婦女的一生,必須「從一而終」,必須壓抑「婦人之欲」。在這套理論的宣導下,婦女沒有了自我、沒有了尊嚴和獨立的人格:變成男人的私有物,附屬品;變成了奴隸和男人泄欲器,成了任人宰割的魚肉。

在程朱理學的影響下,明代的社會風氣不分輕重大小,都以「道學面孔」予以處理。婦女遵從「夫權」,遵從「三從四德」,「一女不事二夫」,「餓死事小,失節事大」,都成了衡量女子貞操節守的標準。逾之,便是「淫婦」「蕩婦」,必為千夫所指、社會不容。這套理論,在宋代並未流傳到社會基層,實際影響有限。而到了清代,由於政府的徹底貫徹,被曲解的「理學」由書蠹腐儒們導入了府道村鎮,乃至窮鄉僻壤。導至全民愚化,女人受害最深最重。同時,各級政府大力刊行《女論語》、《女孝經》、《烈女傳》,都是女子必讀的功課。日常生活中,女子「行不顧盼」「笑不露齒」,卑躬屈膝、唯命是從,把身體遮掩得嚴嚴實實,把雙腳裹的小小的,把雙乳束得緊緊的,具成了女人日日必行的事業。否則,便是失德、不孝。結婚之後,「男人主外、女人主內」、「夫比天大」、「夫為妻綱」、「事事從夫」、「夫死從子」。丈夫故去,女人必須守節,不得再嫁。如果無力存活,盡可自裁、自縊、絕粒、自殺。為節而死、殉夫而亡,將獲得政府的表彰和鄉人的讚美。

明代有一部《畏廬瑣記》,上邊記載了很多節婦烈女的「光輝事業」,其中,有一段極其辛酸的故事,令人不忍瘁讀。其文寫道:

> 閨中少婦喪夫,不能存活,則遍告之親戚,言將以某日自裁,而為之親戚者,亦引以為榮,則鳩資為之治蟮。前三日,彩輿鼓吹,如迎神人,少婦冠披喪服,端坐輿中,遊歷坊市,觀者如堵,有力者設宴飲之,少婦手執鮮花一束,凡少年未誕子者,則就其手中乞花,用為生子之兆。三日遊宴既盡,當路結綵棚,懸彩繩其上,少婦辭別親戚,慨然登臺,履小鞋,以頸就繩而歿,萬眾拍手稱美。

於是,縉紳延請大儒為其書寫讚揚文字,呈報官府。官府送匾旌表,地

方建立牌坊，以為永久的紀念。其節烈事蹟也寫入縣府志書，成為地方的榮耀。從上述記載的故事來看，這些殉節的婦女似乎是心甘情願為禮教獻身。其實不然，皆因宗族和時風所迫，不得不以身殉節。當地對於再嫁的婦人，人人都予以歧視。再嫁者不得從正門走出，上轎後也只能穴牆乞路，跌足蒙頭、屈膝透行。兒童對她們鼓掌起哄，投擲瓦石；翁嫗為其掩面而泣，視為族眾大辱。

在這樣一種氛圍中，社會的壓力使更多的婦女不得不屈從禮教，走向死路。官修《明史列女傳》中，受皇室欽定的貞節女有四十八人，節烈婦三百餘人。《清史稿》則攀上頂峰，御賜貞節女有一百多人，節烈婦達四百多人。皇室如此推重，地方則更甚之。迄今，在徽州歙縣一地現存的六千多座貞節牌坊中，就有明代牌坊一千餘座。可見，當年對婦女「以理殺人」之風是何等猖獗。

婦女的節烈必然殃及幼小女童。「三歲不同床，五歲不同席」，「男女授受不親」、「好女不出門戶」、「女子無才便是德」等說教，完全褫奪了兒童的天性和青梅竹馬的歡悅。明代著名的清官海瑞，因為看見他那五歲大的女兒從鄰家男孩的手裏接過一塊糖餅，竟然怒不可遏，斥其有違女德，令其絕粒。把自己的親生女兒活活地餓死，以展示他不容失節的嚴謹家風。此事見於《萬曆野獲編》一書。可見，程朱理學作踐婦女罪惡之深，為害婦女之重。

上圖為徽州歙縣的貞節碑坊群。現存的六千多座貞節碑坊中，就有明代碑坊一千餘座，足見當年對婦女「以理殺人」之風是何等猖獗。

　　明代推行「孝道」，天子以孝治國，平民以孝齊家。同樣，以「孝」殺人，殃及婦女更是慘烈。元代郭守仁曾編撰了《二十四孝》，書中杜撰了虞舜、劉恒、曾參、閔損、仲由、董永、剡子、江革等二十四個人的孝行故事，作為「孝道」的垂範。「閔子留母」、「郭巨埋兒」，已把婦女置於全然不顧的地位。到了明代，又有腐儒推出了《女二十四孝》，將「割股奉親」、「剖肝醫姑」等自殘自虐的故事，也都妄加在婦女頭上。在徽州高低林立的貞節坊中，也標誌著不少這類血淋淋的實事。

　　在皇權、神權、夫權「三座大山」的高壓之下，女人的靈魂和身軀變得如此卑賤與輕微。何以再談女子的健足、健乳、健身和健美哪？從此，女人的胸前失去了健美的「雙峰」，統統變成了「板鴨胸」。反映在文人的筆下的女人美乳，也就變成湯顯祖所讚美的「小肉揣」（語出《牡丹亭》），或蘭陵笑笑生欣賞的「乳餅兒」（語出《金瓶梅》）了。

　　明代後期在詩文中，描繪女性乳房的文字比前代看似多了一些。譬如，詩人張劭寫的《美人乳》：

> 融酥年紀好韶華，春盎雙峰玉有芽。
> 畫檻橫依平半截，檀槽側抱一邊遮。
> 香浮欲軟初寒露，粉滴才圓未破瓜，
> 夾捧芳心應內熱，莫教清楚著單紗。

　　全詩婉約輕快、細膩多情。詩中讚美的女性乳房十分細小，只是一對「玉有芽」而已。它代表了當時人們對女子「美乳」的一種共同的認知。

　　在明代的一些情色文學作品中，對女性乳房的描寫，也代表了時風對小乳房的欣賞。例如，《浪史奇觀》描寫妙娘的乳房，是「好對乳餅兒」。評話小說《喬太守亂點鴛鴦譜》中描寫慧娘的乳房，則是「像雞頭肉一般，甚是可愛」。《株林野史》描寫素娥的乳房，也就是一對「新蒸的雞頭子」。在人們的印象中，《金瓶梅》中的蕩婦潘金蓮，一定有一對充滿性感的豪乳。其實不然，潘金蓮也是一對「緊就就」的小乳。如第十九回寫道：

> 西門慶又要玩弄婦人的胸乳。婦人一面摘下塞領子的金三事兒
> 來，用口咬著，攤開羅衫，露出美玉無瑕、香馥馥的酥胸，緊就就
> 的香乳。揣摸良久，用口舐之，彼此調笑，曲盡於飛。

　　同樣，這一時期的繪畫對於女人的乳房也沒有完美的描摹。明刊本《金瓶梅詞話》插圖中的女裸體最多。但是，畫中女人的身軀都像一隻只白布口

袋，乳房則是在一個「V」字中間加上一個黑點兒，就算是它的全部了。就是在世界上頗享盛名的，明末市井刊行的中國第一部套色木版春宮畫──《風流絕暢圖》，畫中的裸女乳房也都是乾癟如餅。

綜上所述，自明代起，女人束胸已成了天經地義的事情，並且一代一代地傳留下來。久而成俗，積重難返。就這樣，女人的乳房就此一裏，竟然裹了六、七百年！

上圖為明末市井刊行的中國第一部套色木版春宮畫──《風流絕暢圖》之一。圖中裸女的乳房扁小乾癟，形如蒸餅。顯然是明代官定的主腰從小壓迫所至。此畫卷珍藏於日本東京博物館。

（三）女子束胸日久成俗

古代西方的許多國家也曾經出現過以平胸為美的時期，中世紀歐洲清教徒就曾強迫女性穿緊身胸衣，胸前胸後都用帶子反覆緊勒，使胸部看起來十分平坦，使乳房呈現出童稚的輪廓。他們認為這樣的女人才具有「童

貞之美」。17世紀，西班牙的清教徒對待年輕女性的雙乳更加殘忍。她們用一種薄鉛板擠壓在女人的胸部，不讓乳房正常發育。這與我國宋代以降，在程朱理學的壓迫下，女子崇尚清瘦的「羸弱美」和「病態美」是一樣的。

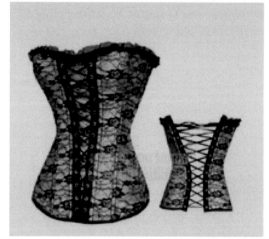

中世紀，歐洲出現了一種「束衣」，開始了折磨女性的歷史。婦女們用幾乎是殘酷的手法，把自己的身體用重重的布條緊緊勒起來。上層婦女甚至使用鯨鬚、鋼絲、藤條等材料製作緊身衣，用以束緊腰肢和乳房。很多女子因此而導致肋骨骨折、流產、內臟移位等病症，甚致殘疾。當年，這種被女性自覺地帶上的「刑具」塑造成的體型，被當成最美的象徵。

　　明代初年，女子束胸的方法比較簡單，與前述相同，在女孩尚未發育之際，家長用一種「裹胸布」將其雙乳纏裹起來，用線密密縫牢，經月不拆，就防止了乳房長大。其方法與用包腳布纏足一樣，很是野蠻殘酷。

　　後來，女人開始穿用比較講究的「抹胸」、「腰子」、「主腰」或「扣身衫兒」類的內衣，緊就就、尺度窄小，用來限制雙乳的發育。彼時，女人上身穿不穿這種胸衣，要比下身穿不穿內褲還要重要。她們就是在洗澡、擦背、睡覺乃至結婚之後的夫妻行房、赤身露體的情況下，這種「裹胸布」都是不輕易脫下來的。此俗在《金瓶梅》一書中隨處可見。例如，女主人公潘金蓮平時只穿裙子，裏邊可以不穿內褲。但是，她胸前的「裹胸布」（亦稱「抹胸兒」）是刻不離身的（見《金瓶梅》第二十八回和第二十九回）。

　　《金瓶梅》是明人蘭陵笑笑生所作，寫的是宋代的故事，筆下流露的則是明代風俗。潘金蓮在裸眠時不脫「抹胸兒」，這種情況，在明代出版的許多《春宮秘戲圖》中也隨處可見。足以證明，彼時女子束胸的嚴格，「束胸布」

已演化成女人身體的一部分。

　　到了繪畫大師陳洪綬出生的時候，已是明朝晚期。他以畫仕女人物最為擅長。時人贊其畫技遠遠超過了仇英、唐寅，列為手屈一指的畫聖。他筆下的美人形象與前代畫家已有了極大的轉變，仙女也好，時美也好。大多是頭大、頸細，身量短小、而且傴僂貓腰、幾近怪異。其實，這正是明代末年，被主腰束胸約束之後的女人們，經過一代又一代的折磨而產生的形體異變。束胸所造成的嚴重危害、使得原本健康俊美的女人一個個變得含胸胝肚、屈臀彎腰的病態形狀。客觀的說，畫家筆下的美女形象是有些誇張，但作為一個具有一定先知先覺的藝術大師來說，他們的作品不正是用來警示世俗流弊的嚴重嘛！只可惜，「時人不解真用意，一味撫掌誇至今。」

以上兩圖是陳洪綬仕女畫的代表作。陳洪綬出生明朝的晚期的 1599 年。是明末清初的著名書畫家、詩人。字章侯，號老蓮。浙江紹興府諸暨縣楓橋陳家村人。崇禎年間召入內廷供奉。明亡入雲門寺為僧，後還俗，以賣畫為生。他一生以畫見長，尤工人物畫。從陳洪綬的美女造型來看，足以證明明代人對女性美的普遍看法，他眼中的美女個個是「大腦袋、短身材、溜肩膀、含胸口、水蛇腰、無臀、無乳，弱質、纖足」方為至美。

（四）古代女子胸衣小考

　　明代婦女普通穿著抹胸兒、柱腰等貼身內衣，除了政府推行、習俗壓迫之外，棉花普遍的種植和棉織物的大量生產有關。有了柔軟便宜的布，民間婦女喜穿愛用，內衣才得以更廣的普及。

　　大家知道，明代以前我國是不出產棉花的。人們日常生活中，更談不上穿用棉布。古代人的衣服主要是絲織品和麻織品。絲織品柔軟舒適、手感細膩，最適合製作女性內衣。但是產量少，只能供少數貴族婦女穿用。而平民婦女是無緣問津的。但是，麻織品質地粗糙、硬挺，即使經過漂洗、捶砧，也不適合縫製女人貼身用的內衣、內褲，更不願用來纏胸束乳了。

　　有關古代女子的內衣、內褲的式樣的文獻記錄和考古發現，幾乎是一片空白。可以得到文字印證的是，古代女子與男人一樣，只穿裙子而不穿褲子。趙武靈王宣導「胡服騎射」時，才從域外引進了褲子。經中國歷史博物館服飾專家沈從文先生研究，這時的褲子還都是開襠褲，為的是排泄穢物方便。有襠的褲子到漢代才出現。《漢書》記載：漢昭帝劉弗陵的身體不好，而周圍的女侍們都只穿著裙子或開襠褲在宮裏走來走去。上官皇后認為，這些女人對皇帝的性誘惑太大，不利於皇帝的身心健康。於是靈機一動，發明了把橫襠縫起來的褲子，俗稱「窮褲」。宮女們都穿上「窮褲」，這也是對皇帝濫行「周公之禮」的一種約束。「窮褲」發明以後，因為穿著方便，也不讓生殖器官外露，很快在朝野間推廣開來。此後，男人女人都開始穿著有襠的褲子了。

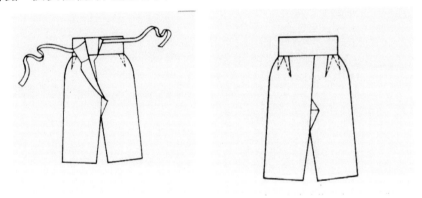

這是沈從文先生根據福州黃昇墓出土文物繪製的宋代女褲的結構示意圖，為排泄穢物方便，都是開襠的。

　　至於，古代男女在日常生活中穿不穿「小衣」、內褲，就再也沒有文字記述了。即使在許多古代色情文學中，對此也語焉不詳，只有描述女人下身只穿裙子，不穿內褲的記述。《金瓶梅》中的李瓶兒、宋蕙蓮、潘金蓮等人，平時都是不穿內褲的。這大概也是當時社會的一種風氣。

　　平民女子不穿緊身的內衣、內褲，其中一個原因，是製作內衣內褲的織物過於粗糙，穿著不很舒適。而用綾羅綢緞製作褻衣又過於奢侈，連自家開綢緞莊的西門慶這樣富戶的內眷也都很少穿用。平民百姓、窮苦人家就更用不起了。人們即使有了綾羅綢緞，也都是穿在外邊，以顯光鮮。而不會用來製作深藏不露的褻衣。而麻布太硬、太糙，用來做貼身穿的褻衣、主腰，誰也不願穿用。

　　朱元璋特別重視棉花的種植和推廣，《明史》載：自龍鳳五年起，朱元

璋在戎馬倥傯中就曾多次頒布命令，要求農民「有十畝田者，必須一畝植
棉，多植有獎，不種則罰」。並且，要求各級官員嚴加督辦。加之，江南烏
泥涇的黃道婆從海南帶回來的去籽、彈花、紡紗、織布等機械和技術的迅速
推廣，未及十年，大江南北遍植棉花，棉布生產發展迅速，很快就達到「衣
被天下」的水準。

棉布比較細軟、經久耐用，用於女性內衣、內褲，穿著起來也舒適保
暖，這為平民女子用來束胸，奠定了物質基礎。用棉布製作「主腰」、「兜
肚」、「小衣」、「扣身衫子」，自然就飛快地普及開來。就是貧寒之家，也可
以用棉布把女孩的胸口嚴嚴實實地包裹起來。這種普及，在以麻布為衣料
的時候，是難以做到的。明代官方要求女子人人束胸，之所以貫徹得十分徹
底，是與棉花的種植、棉布的普及也有著直接關係。

那麼，明代的「抹胸」是什麼樣子呢？正史無載，《金瓶梅》第二回描
寫潘金蓮的衣著時寫到「抹胸兒」的款式：

> 露菜玉酥胸無價，毛青布大袖衫兒，褶兒又短，襯湘裙碾絹綾
> 紗。通花汗巾兒袖中兒邊搭刺，香袋兒身邊低掛，抹胸兒重重紐
> 扣。

是說，她貼身穿的抹胸兒是用「重重紐扣」緊緊地繫著的，與「扣身衫
兒」之類的小衣一樣，是用密密麻麻的紐襻連接著。這種「重重紐扣」能繫
上也能解下來的抹胸兒，即可以達到束胸的功能，也便於女人沐浴潔身，在
當時應是一種很實用的設計。

此外，潘金蓮還穿用一種「兜肚」。這種「兜肚」是用一塊剪成盾牌形
狀的紅綢布，上可以遮乳，下邊可以遮住肚臍、小腹。它的樣式與近代農村
婦女穿的「兜肚」一樣，只有前片，沒有後片兒。後背袒露，上有繫帶，套
於頸間，腰部另有兩根帶子，束在背後。平日女人將之係在胸口肚腹之上，
繫的鬆些，可以遮胸腹；繫得緊些，也可以起到約束乳房的作用。

「兜肚」傳流很廣，也傳流時間很久。兜肚上可以刺繡各類精美圖案，
多將虎、蠍、蛇、壁虎等圖案繡在兜肚上，為的是護身驅邪、祈保平安。反
映情愛的荷花、并蒂蓮、芙蓉、薔薇，以及含有秘戲色彩的鴛鴦、合歡、抱
雞、耕地、破瓜、窺月等圖案，也是兜肚刺繡的常用主題。

陝北有一首傳流久遠的民間小曲兒《紅兜肚》，歌詞唱道：

> 五月裏呀日當頭，妹妹窯裏繡兜肚；

牡丹花下鴛鴦臥，鴛鴦四周水長流。

繡出的兜肚做什麼？貼身繫住胸口頭。

不讓小鹿長得快，不讓細風吹妞妞……

後邊，還有很多「甜哥哥蜜姐姐」的詞語姑且不論，但這幾句歌詞已說明白了繫兜肚的作用，繫緊後，可以限制「小鹿」（乳房）瘋長。

明清以降，女子的「束胸」是什麼樣式呢？上世紀 20 年代初，有位細心人在這方面進行了比較深入的研究。《北洋畫報》連續刊載了一位署名縮香閣主的作者撰寫的一篇《中國小衫沿革圖說》。這位縮香閣主和她的朋友把民間女子常用的各種胸衣，款式一一繪成圖畫，並且詳加說明。裏邊除了兜肚以外，還有胸前密密排滿扣子的各種胸衣、小馬甲和束胸帶等，計有十來種。應該說是一組十分難得的資料，筆者將其附之於下，以證彼時之俗。

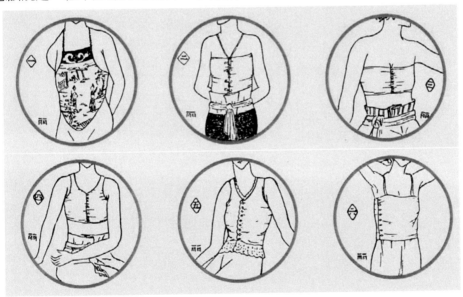

20 世紀 20 年代《北洋畫報》刊載的麗君所繪的「近代女子胸衣」的插圖。

縮香閣主的文章對這些款式給予了詳細的解釋：

兜肚是婦女胸衣最古之一種，亦名「襪肚」「襪腹」。「單夾不一，其形如盾，只一幅，背後以帶結束之。其制之精者，並加刺繡，舊繡貨店中尚可購得之。現尚流行中國南北。男子亦有用為防寒之具者。

背褡是一種無袖短衣，掩蔽胸背，又名「兩當」，「兩當者，其一當胸，其一當背也。吾鄉又謂之背心，言一面有背，一面在心，

猶兩當也。吳中謂之馬甲」。

老式抹胸其形如方巾，長及腰際，圍繞周身，以帶結束於胸前，肩上以雙帶承之。可稱為胸圍或腰圍，古書所稱「奶闌」及「襠裙」者，當指此，現通行於北方。與兜肚同屬婦女小衫之老式者。」

新式抹胸則是用長巾一條圍繞胸部，前有紐扣一排，或用西洋小鐵扣，因無帶懸於項部之故，把胸脯縛束甚緊，俗稱小馬甲。還有一種半截馬甲，是由抹胸演化而成，實為抹胸與小馬甲二物間之過渡產品，用者不多見」。

新式小馬甲，亦稱「小坎肩」或「小半臂」，粵人則稱「背心仔」。「蓋此類束乳之小馬甲，發明不過廿餘年已。其始用之者，僅屬一般上流婦女，今則上行下效，幾已普及全國婦女之各階級矣。此物製法與普通背心同，只胸前紐扣甚密，俾能緊束胸部。今之少婦，有緊身馬甲，嚴扣其胸，逼乳不聳，妨發育，礙呼吸，其甚弊於西婦之束腰。」

明代婦人著用的「主腰」、「兜肚」、「小衣」、「扣身衫子」的樣式，可能就是這類模樣。潘金蓮著用的「紅紗抹胸兒」和「重重紐扣」緊緊地繫著的「扣身衫兒」，大概也無出其右。

最後，縞香閣主無限感慨地說，些縫製精細的束胸服飾，幾乎與懲治犯人的「刑具」一般，更與瘋人院用來束服病人的「緊身衣」相似無二了。這類服飾看似精巧，實則甚為低劣。它嚴格地影響了婦女胸乳的健康。

（五）乳母代替了生母

明代由於女子束乳之風的強力推行，致使很多女人結婚生子之後，乳房乾癟乏乳，乳管不暢，有的根本沒有奶水，這樣的母親如何哺養自己的孩子呢？這種問題多出自城市中、上層富貴之家，流俗所及亦殃及下層百姓。上層社會的女子自幼被國家政令、封建禮教、宗族家法的約束，束胸、束乳被貫徹得最為徹底，受害最深。於是，乳母這一行便應運而生了。

乳母也稱保姆、奶媽、奶姥、嬤嬤、嬤媼、阿母、奶子等，名稱五花八門，因時代、地域不同而名稱各異。但總而言之，乳母與嬰兒的生母截然不同，她是一種專門為別人哺乳、帶育嬰兒的行當。

從古籍中考據，此業似乎自古有之，《禮記》中就有「士大夫之子有食

母」之說。無非是因生母家有權勢、有錢財，自家生了孩子自己不哺不帶，交與乳娘、下人育養哺帶，以顯示自身的威福高貴而已，並不普遍。到了明代，朱姓王朝出於政治原因，厭惡婦人乳大，推行全國婦女束胸束乳。在皇族階層中，選入宮中的秀女妃嬪，自然都是遵制的模範，她們自幼束胸，不會再有天乳。生了皇子皇孫之後，不能哺乳怎麼辦？為此，專為宮室貴族配套服務機構也就順勢而生了。明朝皇宮的外邊特別設有一個「奶子府」，專門負責解決宮中嬰兒的哺乳問題。奶子府內有常年應侍的年輕婦女數十人待選，她們多是十五到二十歲之間、沒有束過胸的、方剛生育過的、而且奶汁十分充足的農村婦女。進入奶子府之前，她們都要經過全面的體檢，人須身高馬大，體闊腰圓，雙乳飽滿，無嗅無味，胴體清潔，無瘢無痣，無病無疾。入選之前，她們的地位低下，無人重視，但一朝入選進宮，哺養的都是皇儲貴冑、鳳子龍孫，她們也就成為人上之人了。俗謂「一朝入選，終生富貴」，就是指此輩而言。

細檢明朝歷代皇室的奶媽無一不是顯貴非常，即便中途出宮，也從此榮耀鄉里，衣食無憂了。明代沈榜的《宛署雜記》中記載，奶子府隸屬錦衣衛，每季度精選良家乳婦四十名進入奶子府，稱為坐季奶子；另選八十名登記入冊備用，叫點卯奶子。儘管如此，民間百姓大多厭惡此業，一是姑娘乳大，行動太醜，二是為人哺子，名聲不佳。大多逃避此業，時常造成奶子奇缺。

大凡哺育過皇太子的奶媽，在太子登基後被誥封高位的大有人在。其中最為顯貴的，莫過於明成宗的奶媽客氏。她在成宗繼位之後，被封為「保聖賢順夫人」。曾與魏忠賢一起專擅弄權，賣官鬻爵，飛揚跋扈，不可一世。《明史紀事本末》記其：「侍從之盛，遠過聖駕，燈炬簇擁，熒然白晝，衣服鮮華，儼若神仙。」但成宗一死，客氏便打入浣衣局，終日洗滌穢物。不久加罪，與閹黨一同滅了三族。

在皇室影響下，分封在全國各地的皇親國戚、世子龍裔也各有為其服務的「奶子局」、「奶子閣」，囤集體壯乳健的青年農婦備用。但是，這些侍侯過鳳子龍孫的奶媽們的日子就好過嘛？皇室吸收了客氏亂政的教訓，對奶媽的管理十分嚴格，制訂了數不清的條款來約束她們的舉止行動。在皇族的眼中，奶媽是「人下人」，是宮中豢養的一頭奶牛而已。清代皇帝溥儀撰寫的回憶錄《我的前半生》中，記述了他的乳母王連壽的生活。王連壽是河北大城縣人，世代為農。十九歲家鄉荒災，顆粒無收，丈夫女兒皆死。為了活命，

她進了醇王府做奶媽，哺帶溥儀，後隨溥儀進宮。為了保證她的奶水的品質，宮中規定，她每天都要吃一個「白水清燉不加鹽的豬肘子」。僅此一事，足以說明當乳母的非人生活。

明代的商賈豪門，詩書禮義之家及經濟富庶的小康人家，也都雇傭奶媽代為哺子。這種例子在馮夢龍和蘭陵笑笑生的市井小說中俯拾皆是。奶子如意兒就因為皮膚白晰、奶子肥大，除了替李瓶兒哺乳官哥之外，還淪為西門慶床上的玩物。

明代為平民百姓提供奶媽服務的，則有設在街頭巷尾的「薦頭店」、「老媽坊」，從鄉間上來的小奶媽們被生活所迫，別夫離子、以身事人，用自己的奶水奶帶別人家的孩子，獲得微薄的報酬來供養家人生活。多如林海音在《城南舊事》所描述的宋媽一樣，親生的孩子死了許多年，連自己都不知道。一但被辭工還鄉，身心空空落落、兩手空空落落，內心之苦，何以言喻？

清季著名的封疆大吏曾國藩，在他的奶媽死後曾製輓聯一幅云：

> 一飯尚銘恩，況保抱提攜，只少懷胎十月；
>
> 千金難報德，論人情物理，也當泣血三年。

可以說此聯是對天下做奶媽的一個比較公允的評價。不過，總的說來，在封建社會的制度下，奶媽、乳娘的境遇雖然各有不同，但在人們的眼裏，她們依然都是「人下人」、「奴下奴」；她們的職業屬「三百六十行」中的賤業。

無形之中，社會上形成了一種以女人的乳房大小，劃分貴賤的荒唐共識，即被主腰約束過的小乳是神聖的、高貴的；而未被主腰緊縛過的天乳，則是下賤的、卑劣的。高貴的女人可以不承擔哺乳育子的責任，而為人代哺、拯救了無數嬰兒性命的女人，則成了萬人輕視的賤民。這不能不說是束胸束乳所造成的惡果。

《奶媽哺乳圖》出自清無名氏繪《民俗百圖》。由於明代政府強力推行女子束乳，使奶媽這一行業應運而生。無數不束乳的農村婦女迫於生計，別夫棄子湧入城鎮，通過薦頭店的介紹來為無乳的主家哺育嬰兒。

（六）清代對女子的審美變得畸形

　　明朝滅亡以後，清軍入主中原，他的軍隊也不比成吉思汗的蒙古軍隊的野蠻遜色。努爾哈赤的鐵騎所到之處，對漢人也是採用「三光政策」，即燒光、搶光、殺光。明朝十萬皇族幾乎在兩年之間被清軍屠殺殆盡。知名的「揚州十日」、「嘉定三屠」都是清朝統治者的傑作。多爾袞帶領軍隊攻佔嶺南時，更是殺人無數。四川人也幾乎被張獻忠和清軍斬盡殺絕，導致當地人口的急驟下降。待清室江山坐穩之後，便不得不施行「以湖廣填四川、以山陝填中原」的政策，進行了大規模的移民。

　　為征服反抗者，順治頒布了「留頭不留髮，留髮不留頭」的《剃髮令》，命令全部漢人「剃髮易服」，以示臣服。不從者，當即斬殺，懸首示眾。清軍

對漢族男人如此狠毒,對女人更加殘暴。文獻記載:清軍每到一處,姦淫搶掠如同禽獸,連老嫗小姑皆不放過。嚇得滿城婦女莫不「墨面鶉髮,緊束胸乳,形同男子,以求避禍」。女人原本就被「裹胸布」緊束了雙乳,這回更是雪上加霜,再也不敢讓雙峰突起了。由此可知,元代換成明代,明代又換成清代。女子的雙乳非但沒有解放,反而越勒越緊。婦女的身軀越來越向傴,雙乳變得越扁越小,一個個都成了病態人形。

任何事情時間一長,便積習成俗。不好看的,慢慢地也就看順了眼,最終會變得好看起來。最初是被迫的違心幹的事情,時間一長,人人如此,便也成了習慣,逐漸變成「甘心情願」幹的事情。中國女子束胸的過程也是如此。

故宮博物院藏《咸豐宮嬪行樂圖》局部。畫中人物分別是咸豐的寵妃春貴人、耿貴妃和鑫常在。這三位寵妃是當時最標誌的大美人,皇帝對他們寵愛非常。

以上兩幀圖畫取自《咸豐宮嬪行樂圖》卷的局部,畫中人物分別是咸豐皇帝的寵妃春貴人、耿貴妃和鑫常在。《清宮內檔》記載:耿貴妃,領催誠意之女。咸豐三年入宮、生皇二子憫郡王,晉妃嬪。春貴人與鑫常在均於咸豐二年進宮。三人「姿色絕豔,身量欣長」,受寵程度與懿貴妃、麗妃不相上下。可以說,這三位寵妃是當時清宮最標緻的大美人。正如圖中所繪,平胸、小乳是當時美女重要的審美要素。連至高無尚的皇帝在選秀時,也要遵從這一標準。

由此可見，清代社會對「女子美」的審視觀點是相當落後，乃至於畸形。社會大眾的觀點，歷來是依從權貴和文人士大夫的觀點為依據。那麼，在他們的眼中，中意的美人是什麼樣子呢？李漁在《閒情偶寄》一書中對「女性美」多有論述。他認為「婦人嫵媚多端，畢竟以色為主」。而美色的表現，「第一在於肌膚，且以膚色白皙最為難得。其次，則是眉眼。眉眼以細長清秀為最美，其性格必然柔和聰慧」。再次，則為手足。手以「纖纖玉指」為最美，足以「越窄越柔」為最佳。身條兒則必須「纖弱修長」，方顯得「婀娜多姿」。

才子徐震著的《美人譜》則要求女人的容貌形態，必須是「螓首、杏唇、犀齒、酥乳、遠山眉、秋波眼、芙蓉臉、雲鬟、玉筍、黃指、楊柳腰、步步蓮」。他在文中提到的「酥乳」，必須把握在身材「不肥不瘦，長短適宜」的範圍內，如果乳房大了，也就談不上漂亮了。總之，這一時代的美人都是「含胸裹足，殘病是尚」。只有像《紅樓夢》中的林妹妹那樣「弱不禁風」，終日「多愁善感」，病病歪歪，才是標準的絕代佳人。

著名詩人董以寧有《沁園春·詠乳》是一首罕見的作品，詩中描寫了清代「美人的小乳」：

> 拊手應留，當胸小染，兩點魂銷。
> 訝素影微籠，雪堆姑射，
> 紫尖輕暈，露滴葡萄。
> 漫說酥凝，休誇菽發，
> 玉潤珠圓比更饒。
> 開襟處，正粉香欲藉，花氣難消。
>
> 當年初卷芳髫。奈慣起逾豐漸逾高。
> 見浴罷銅瀯，羅巾掩早，
> 圍來繡襪，錦帶拴牢。
> 逗向瓜期，褪將裙底，
> 天讓何人吮似酪。
> 幽歡再，為嬌兒拋下，濕透重綃。

董以寧也是清代著名理學家，他的這首詞是效法前人的比興之作，不能以情色論之。詞中所描繪的美乳，只是「胸前隱約透出的兩點『紫尖輕暈』，便足以令人魂銷」了。應該說，他是以比較嚴肅的筆墨把清代崇尚女子「小乳」的「平胸美學」表現得淋漓盡致。

　　清代擅繪美人的大畫家改琦，他筆下的美女造型深為時人的讚譽，自然也代表當時社會的審美觀。我們在此借用他的兩幀作品即《紅樓夢人物繡像》林黛玉和秦可卿做一下說明。畫中的美女都是溜肩膀、含胸無臀，病病快快，弱不禁風的樣子。實際上，這都是當時女子束胸造成的惡果。

　　清代少女在發育期間，家長要把她們的胸部緊緊束起，給女人的身心造成巨大的傷害。使妙齡少女一個個發育不良，楚楚生憐。其實，女人的平胸完全抹掉了與男性的性別差異，也消除了異性之間的誘惑力。無端被改造成封建衛道士心目中推崇的「無欲、純真、貞潔、溫順有操」的賢妻良母。時人有《竹枝詞》歎道：

　　　　打扮身材小內家，豐標酷似水仙花。

　　　　弱不禁風深閨裏，對鏡徒傷好年華。

　　在上世紀 20 年代之前，遺存至今的有關女性的繪畫、照片和肖像，幾乎百分之百地都是「平胸」美人。她們面容姣好，但胸如「板鴨」，一個個都是「溜肩滑背沒屁股，佝僂含胸水蛇腰」。婦女本身尚不解自身之苦，社會輿論對此更是冷漠無睹。並且行成習俗，形成共識，「男人胸大主富貴，女人胸高主賤淫」的俗諺，把女人推上了懸崖絕壁。巨大的社會壓力和精神壓力，阻絕了婦女形體解放的道路。

以上兩圖為清代畫家改琦所繪《紅樓夢插圖》中的《黛玉》和《秦可卿》。改琦（1773

～1828），字伯韞，號香白。回族，松江人。畫法華嵒，擅畫仕女，衣紋細秀，造型
纖細，敷色清雅。造形清瘦，弱不禁風。削肩平胸、多具病態。

這兩張老照片真實地寫照清末少女的衣著神態。她們在封建禮教和社會習俗的壓迫
下，被束了胸、裹了腳，完全喪失了少女的天真，一個個成了病態人形。試想，她們
成年結婚後，能生育出健康的兒童嗎？她們的樣子會有豐富的乳汁來哺育下一代
嗎？

這是一張清代的玻璃春宮畫《女子半身像》。這種玻璃畫的製作工藝非常複雜，要反
著畫，正著看，是當時清廷貴族獨享的「奢侈品」。目前存世甚為稀少。畫中的少婦，
穿著一雙尖尖的小鞋，上身的衣服是一件紗質的「透視裝」，沒著內衣，可以清楚地
看到女子的雙乳，又小又平，分明是自幼緊裹束胸的結果。此圖是一幅獨特的春宮畫，
特意繪出女人的一對嬌嫩的雙乳，恰恰顯示了時人對「美乳」的評判標準。

（七）太平天國的「婦女解放」

清咸豐年間兩廣地區爆發了轟轟烈烈的農民起義，釀就了震盪全國的太平天國運動。史學家范文瀾提出了一個著名的論點，即「太平天國最大的意義，就在於它是中國歷史上第一次提出政治、經濟、民族、男女四大平等的革命運動」（見范文瀾著《太平天國革命運動》）。羅爾綱則更明確的提出「太平天國是一次徹底的婦女解放運動」（羅爾綱著《太平天國史綱》）。

論據是洪秀全在《原道醒世訓》中寫的「天下多男子，盡是兄弟之輩，天下多女子，盡是姊妹之群」，體現了「天下男女皆是兄弟姊妹」的平等、平權的思想。太平天國從政治上提高了婦女地位，通過科舉考試，設立女官，參政議政。在軍事方面，設立女軍，讓她們同男子一樣衝鋒打仗、疆場廝殺。給了婦女在社會中的威望和自信。在經濟地位方面，將實行男女平等的分配制度。按《天朝田畝制度》規定「凡分田，照人口，不論男女」「凡男婦，每一人自十六歲以尚」。在婚姻方面，宣導一夫一妻制，廢除買賣婚姻。

只可惜，這些標誌婦女解放的口號，在實踐中並未得到施行，反映出來的則是天朝諸王、諸統領等有權有勢的男人對婦女的奴役和殘害。當年，參加起義的老百姓多是活不下去的底層的農民、炭工，因為貧窮困苦，他們要翻身，要造反。跟著造反隊伍從軍的婦女，都是姊妹、兒女和家屬。這些女人不纏足、不束胸、能吃苦耐勞、能幹活打仗。夠聰明的、勇敢的、或有些文化的、或是有些姿色的還能選做女官。根據相關資料的統計，太平天國被封的女官就有六千多人。

但是，這些女官並沒有權力，她們都是天王和諸位王爺的「服務員」。太平天國的生產力低下，各官、府的女官承擔著所有繁重的體力勞動。凡被諸王看上的女官，多成為侍寢的「洩慾器」和勞動力。南京立都後，僅天王府內的妃嬪就有千人之眾。洪秀全在《天父詩》中給繽妃們定下了無數清規戒律，要求她們「看主單準看到肩，最好道理看胸前」，「天王旨到金鑼響，立即跪接呼聲和」。他還規定了所謂「十該打」，凡是繽妃「服事不虔誠，硬頸不聽教」，皆在該打之列。她們的生死命運全都繫於諸王的喜怒之間。

即使頭科女狀元傅善祥，最終也成了東王楊秀清的侍妾，稍有不從，便遭鞭笞。天京事變時，傅善祥被亂軍所殺，下場十分淒慘。太平天國諸王對女性的暴虐殘害，更是令人髮指。楊秀清虐殺女官朱九妹一事，便可見到他們所宣導「婦女解放」的姦邪和虛偽。《天朝殘簡錄》記有：

　　東王問九妹：「汝識字否？」對曰：「不識。」又問：「百長藏汝否？」九妹曰：「女館中人眾多，何得藏我！」東王怒，命兵士杖之。大杖數折，朱九妹渾身鮮血，昏絕於地。於是，東王下令，將女百長挖目割乳，剖心梟首，稱是天父降罰，以儆餘眾。朱九妹慘遭「天燈」之刑，同時被殺九人。

　　又如，繡工趙碧娘年僅十五六歲，有姿色為繡館女工，因疑用污穢之布繡製冠帽，楊秀清大怒，派兵士逮捕趙碧娘，並準備轉天「點天燈」示眾。趙碧娘半夜蘇醒，趁人不備，自縊於樹，以免慘遭焚刑。東王大怒，遂殺其同館女工數十人以洩憤。

左上圖為太平天國女狀元傅善祥；右上圖為太平天國天王府女官

　　「點天燈」是一種滲無人道的酷刑。王皓沅《清宮十三朝》中考據：「點天燈，係把犯人扒光衣服，用麻布包裹，放進油缸浸泡，入夜後，將他頭下腳上拴在一根挺高的木杆上，從腳上點燃，使受刑人慘極而死。」太平天國施於「女犯」的酷刑除「點天燈」之外，還有「斷其手足」、「騎木驢」，「割去女人雙乳」，皆是禽獸不齒之為。

　　太平天國小勝，上層便已墮落，天王及諸王個個妻妾成群，淫亂不堪，而對下層兵勇則施行的是禁慾主義。太平天國軍內多有夫妻，但一概男營、女營分開，彼此不能相見，更不能有所接觸，彼此只能隔牆喊話。要是違背了規矩，馬上會拉去砍頭。這樣的實例在天國史籍中也比比皆是。天國的首領們出於小農思想的狹隘性、反動性，內部早已腐朽不堪。從天王洪秀全和東王楊秀清之間的爭權奪利、自相殘殺，造成天京血流成河。慘敗後的結果

是兵敗如山倒、男女做鳥獸散。「曾剃頭」的虎狼兵勇，同樣用「斷其手足」、
「騎木驢」、「凌遲」、「割去雙乳」的獸行，殘殺了無數天國的女官、女兵和
女眷。

總之，在任何兵荒馬亂的年代裏，最受污辱、最受損害的，都是被壓迫
在社會最下層的婦女。她們在人格和心理被扭曲、被屠戮的，除了她們的身
體，還有她們最珍惜、最愛護的乳房。

（八）男扮女裝的「乾旦」火爆舞臺

太平天國造成的動亂平息之後，清廷的臣民生活依然回到昔日的寧靜。
女人以平胸為美，除了時風、文人、畫家、詩人們的誘導之外，戲劇舞臺男
扮女裝的妖冶的「乾旦」也起著獨領風騷的作用。他們佔據舞臺，而且異常
耀眼火爆，深受文人士大夫的欣賞和平民觀眾的喜愛。他們的化裝、服飾、
舉手投足的舞臺造型，對社會的審美取向也起著一定的示範效應。

乾隆五十五年（1790），為給皇帝祝壽，內務府從揚州徵調了三慶、四
喜、啟秀、霓翠、和春、春臺等一系列有名的戲班進京，入宮演戲。演出的
成功，深得皇帝和宮中內眷們的歡喜。於是，很多戲班留在北京，一是為了
侍候皇差，平時則在各大戲館營業演出。彼時，正是百戲雜陳、花雅爭勝。
朝野莫不以觀劇、聽戲為樂。一些新興的地方劇種，如高腔、秦腔也已相隨
流入京都。徽班在原來兼唱多種聲腔戲的基礎上，不斷吸收新的劇碼、聲
腔、表演技巧來充實自己，逐漸形成了人們喜聞樂見的京劇雛型。

由於戲劇演出活動活躍，戲劇名「角兒」的明星效應更為火炎，他們在
舞臺上表演的藝術形象，更直接影響著社會的審美趨向。由於封建社會的
限制女人不能登臺，戲劇中女性的角色一直由男演員擔當。他們被稱為「男
旦」或「乾旦」。而且，「男旦」是每一個戲班裏的「頭牌」，佔據絕對優勢
地位。人們喜歡看「男旦」的表演，也是封建社會形成的一種變態心理的反
映。

男旦，簡單地說就是男扮女裝、男唱女腔的一種表演類型，在某種意義
上講，男旦在中國演劇史上是一個重要的存在和主流構成。男旦所呈現的
卓越技藝，除了給人以「舞臺美」的享受之外，也傳達著背後蘊藏的深刻的
文化內涵。其實，男旦藝術由來已久，遠在宋代「參軍戲」中就有男旦登場。
到了清代，廢除了明代勾欄舊制，男旦就更加盛興起來。其間，出了一位著

名的男旦，名叫魏長生。他色藝雙全，紅得發紫。他扮演的女性角色每一登場，煙視媚行、姣美之態，傾城為之顛倒。

這是深藏在慈禧寢宮內的《戲劇人物粉像譜》。圖中所繪的女性角色都是當時熱可炙手的男旦飾演。男旦的平胸對女性的審美起著強烈的示範作用。

據乾隆五十五年吳長元（署名安樂山樵）所著《燕蘭小譜》記載：魏長生，字婉卿，行三，人稱魏三，四川金堂人。自幼家貧，入秦腔班學藝。乾隆四十四年（1779）入都，在雙慶部演出。「一時歌樓觀者如堵，而六大班幾無人過問，或至散去」。《嘯亭雜錄》也有記載：「凡王公貴位，以至詞垣粉署，無不傾擲纏頭數千百。一時不得識魏三者，無以為人。」

這個魏長生所演花旦戲和刀馬旦的戲，內容生動，做工細膩，唱詞通俗易懂，腔調清新動聽，並以胡琴、月琴伴奏，繁音促節，聲情並茂。他本人又勇於創新，為美化旦角化妝，改「包頭」為梳「水頭」、貼片子，並發明了一種踩蹺的技藝。就是用木頭製一雙小木腳，外邊穿上女鞋，綁在足下，走上臺來，扭扭捏捏，更顯得婀娜多姿。《燕蘭小譜》稱：

> 友人云京旦之裝小腳者，昔時不過數齣，舉止每多瑟縮。自魏三擅名之後，無不以小腳，足挑目動，在在關情，且聞其媚人之狀，若晉侯之夢與楚子搏焉。

時人有詩讚道：

> 鶯鶯嚦嚦燕喃喃，齞齒迎人媚態含。

最是野花偏豔目，稱他窄袖與青衫。

就是這個魏長生，他還大膽地發明了裸體上臺。《燕蘭小譜》記載：

> 以名教罪人歸獄魏三，非無見也。近年演《大鬧銷金帳》者漸
> 少，曾於三慶座中一見之。雖仍同魏三故事，裸裎登場，然座客無
> 讚歎者，或且不顧而唾矣。天下人耳目舉皆相似，聲容所感，自足
> 令人心醉，何苦作此惡劇，以醜態求悅人哉？

從這些文字可以推測，《大鬧銷金帳》是一齣專門描寫男女閨幃之私的鬧劇。而且，演員「裸裎登場」，這在 18 世紀中葉是件天大的奇事。最後，這個魏長生被九門提督驅逐出京，身敗名裂，不知所終。當然，這件事與他的個人人品有關，但男旦之風一直延續下來，並且出現了更多光輝燦爛的「大明星」。

到了咸同年間，伶界又出現了幾位名氣很大的男旦，其中，梅蘭芳的祖父梅巧玲、「老父子」陳德霖、田際雲等，他們都是名動公卿的「大人物」。據張次溪先生輯《清代梨園史料》記載：梅巧玲在演出《盤絲洞》中飾演蜘蛛精，也是裸露上身登場做戲的。因為他生得體態豐腴，皮膚細膩，一身白肉，煞是奪目，為此，還得到一個「白胖兒」的綽號。試想，一個白胖男人的乳房能是個什麼樣子？只是他比普通男人的雙乳鼓一些、高一些、沒有棱角、圓潤一些、白嫩一些罷了。但是，他們竟然以此成名。歸根到底這種「平胸之美」造成了巨大的轟動效應！就連慈禧太后和光緒皇帝也都愛看他的演出，讚美有加。彼時，還從宮中傳出了「天子親呼胖巧玲」的詩句，從而名聲益彰。

清才子徐震在其所著的《美人譜》一書中，他給當時的美人評選立了十條標準，要求女人在「容、韻、技、事、居、候、飾、助、饌、趣」十個字中，都要佔有一定的分量。他說，女人的容貌形態必須是「蟬首、杏唇、犀齒、酥乳、遠山眉、秋波眼、芙蓉臉、雲鬢、玉筍、蔥指、楊柳腰、步步蓮」。其實、舞臺上的「男旦」們也都以《美人譜》上的要求，來研究、摸索、效法、描摩表演。並以此法融入舞臺表演的「手、眼、身、法、步」等技術技巧之中。至於，文中提到的美人「酥乳」，則必須把握身材「不肥不瘦，長短適宜」的範圍之內。如果胸大了，也就談不上俊美漂亮了。

這是兩張迄今發現最早反映戲劇舞臺上男旦風采的劇照。據推測，所演戲目大概是
《穆桂英招親》或《樊梨花招親》之屬。男旦飾演的女英雄在選型和表演程序上已頗
有特色。

　　清代，人們除了崇拜男旦的演唱和表演藝術之外，特別欣賞他們飾演女人的「平胸之美」。這種審美觀，深刻地影響著社會輿論對「女性美」的評判標準。總之，這一時代的美人都是「含胸裹足，殘病是尚」，「弱不禁風」，終日「多愁善感」、病病歪歪，才是標準的閨中佳麗。

　　清代詞人韓小窗在《子弟書》中寫過一曲《大西廂》，把美人崔鶯鶯小姐從腦袋寫到腳底，可以說精細絕論，出神入化。「鼓書大王」劉寶全把這段名曲唱了一輩子，紅遍茶樓書寓、大街小巷，一直傳唱至今，時人評論這段唱詞兒為「美人絕唱」。

> 二八的俏佳人懶梳妝，
> 崔鶯鶯喲得了不大點的病啊，躺在牙床。
> 躺在了床上她是半斜半臥，
> 您說這位姑娘，
> 乜呆呆又得兒悶悠悠，
> 茶不思、飯不想、孤孤單單、冷冷清清、
> 困困勞勞、淒淒涼涼、獨自一個人，
> 悶坐香閨，低頭不語，默默不言，腰兒受損，
> 乜斜著她的杏眼，
> 手兒托著她的腮幫。
> 你們誰見過呀，十七八歲的大姑娘，走道兒拄著拐棍兒，
> 這個妞兒她要離開了拐棍兒，手兒就得扶牆。
> 強打著我的精神，我走了兩步，
> 哎喲！可不好了，
> 大紅緞子繡花鞋，拿底兒怎麼就會當了梆！

　　詞中所寫的崔鶯鶯的嬌媚神態，很幽默地勾勒出時人心目中的美人形象。這種「病態」的美人，恰好代表了清代畫家和文人在塑造「佳人」形態美的一種追求理念。詞中並沒有寫到乳房，但其乳之「不健」，已在可以想像之中的事了。這種很不健康的「病態美」，一直是清代婦女的終身桎梏。彼時女子的形象已完全淪為男人的玩物，不僅人格遭受歧視，身心也受盡折磨，以至連肢體外型都遭到了嚴重的摧殘和破壞。

以上兩圖係清代日本駐華村井煙草商會社在 1988 年出品的香煙畫片《揚州百美圖》中的兩幀。第一幀是揚州青樓中的一對有名的「姊妹花」，姊名「憐香」，妹名「惜玉」，二人出局會客，從來同出同入、形影不離，時有鶯鳳之譽。第二幀是滬上名妓張書玉，時有「冷美人」之稱，謂其「神色冷雋，儼若神仙」。然而，用現代的眼光審視，她們皆是「胸如板鴨、足如錐筍，身軀胸僂，神態可憐」的病人。

（九）中醫「病不醫乳」

　　古代的醫學著作可以說多如牛毛，數不勝數，談及人體內、外科之病由、病理、診斷、醫藥、施治及驗方的也應有盡有。但是，談及婦科方面內容的也就不多了。至於，涉及女性乳房的保健和乳病治療的著述，更是少得可憐。直到孫思邈的《千金要方》、宋人陳自明的《婦人大全良方》，清人傅山的《傅青主女科》問世之後，才出現較為系統的中醫婦科。才開始論及婦女的月經、帶下、會陰、乳房等諸病。

　　古人從來也沒有以科學的態度來對待女子乳房和乳房疾病，這裡邊重要的原因，一是對女人的極端輕賤，她們被視為是「難養之物」，生病染疾，大多聽天由命，不予診治。其二，因為孔教「女子無才便是德」的論斷，不讓女人讀書識字，不讓女子受教育，不讓女人工作就業，更沒有女人從醫的

記錄。從史書中細找，唯見漢宣帝時，後宮曾設有乳醫一職。它的職能「視產乳之疾者」，專門侍候後宮產子育嬰的事情。這位女官名叫淳于衍。但是，由於她的行為不檢，有違醫德，參與了大司馬霍光毒殺許皇后的陰謀，被宣帝所殺。後世的皇帝汲取了這件事的教訓，從此後宮不設「乳官」了。

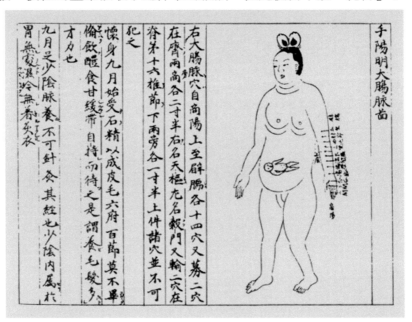

我國古代出版的數不清的醫書中，從來沒有一張比較科學的人體解剖圖，更沒有一張描述女性人體和乳房的示意圖。這張刊於清代的《千陽明大腸脈圖》，算是最「科學」的一張了。

因為缺少女醫生，中醫對婦科病症的研究便成了一大阻隔。我國中醫婦科一直很蒼白，淺薄，不發達。被人們褒貶為「中醫無婦科」。對於婦女乳部疾病，則常以「病不醫乳」為託詞，成了舊時中醫大夫業內的一句口頭禪。

然而，在現實生活中，或因「無心之過」，或因「產後失調」，或因「外傷內患」，使女人的乳房遭到傷害，導致出現種種乳病。男人的大丈夫主義造成對女人的疾病漠不關心，女人自己對乳房的疾病也羞於啟齒，諱莫如深，不與人言，自己默默忍受，以至小病變成大病，可醫變成無醫，甚至導致因乳疾而死亡。

醫家也認為婦女乳病是一重疾，正如《外科正宗》對乳病的分析：

初如豆大，漸若棋子，半年一年，兩載三載，不疼不癢，漸漸而大，始生疼痛，痛則無解，日後腫如堆栗，或如復碗，紫色氣穢，

漸漸潰爛，深者如岩穴，凸者如泛蓮，疼痛連心，出血則臭，其時
五臟俱衰，四大不救，名曰乳岩。凡犯此者，百人百必死。如此症
知覺若早，只可清肝解鬱湯，或益氣養榮湯，患者再加清心靜養，
無室無礙，服藥調理，只可苟延歲月。若中年以後無夫之婦，得此
死更尤速。

其它乳病，如乳腺炎、乳癧、乳蛾等，也給婦女帶來了異常的痛苦。這
些乳病常見於產後發作，很快就變為重症。人們往往歸咎於無意中的擠壓、
小孩吃奶時的囓咬，或產後情緒的焦躁和內火積食等。其實，並不盡然。如
果，一早發現乳房紅腫疼痛的感覺，或是用手摸有硬塊，今日的西醫會採用
冷敷，或注射針劑、服用消炎藥，便可治癒。即使抑制不住，及時施用手術，
也並無大礙，絕不會有性命之憂。而古代的中醫少有良策，發現乳房紅腫疼
痛，唯用柴胡、石膏敷之，或用《珍本醫書集成》中的塗核藥塗抹，使其逐漸
腫消，病除。能醫、可醫固然好，若失去時機，消之不能，或已破裂，久不收
口，也只能用越婢加術附，促其從速化膿，縮短療程，減少苦楚而已。

自古以來，婦女因乳疾而死者不計其數。尤其，從女子束胸開始，乳房
受到外力的壓迫，加之男人的輕率，生育的折磨，生活的艱辛，婦女的乳病
頻發率極高。「乳疾如分娩，同過鬼門關」，「只跟閻王爺隔著一張紙」，這些
話都是出自明清時期的民間俗語。

（十）貞婦烈女「乳病不醫」

舊時，婦女患了乳疾，往往自慚形穢，不與人言，直到生癧化膿、流涎
腐爛，也不輕易尋醫問藥。明清以降的諸多地方志書中，都有這樣的節婦烈
女「守身如執玉」，「生死事小，失節事大」，寧願一死，也不能讓男人近身。
「生有惡疾，命中注定，絕不讓男醫生延治」的故事。

明代《嘉興節婦志》中記載：城中有一趙氏烈女，身患乳疾，抱死不醫。
其謂曰：「父母賜予性命，上天賜予命運。一生福禍，早有定數，不在人力。
質本潔來還潔去，何必求醫問卜，自辱其身？」月餘病重逝去。清代《青縣
縣志》中，記有一陳姓節婦。丈夫早亡，產遺腹子後，一乳生癧。不醫，另
一乳亦生癧。日夜疼痛不已。嚴重時幾度暈厥。但堅不就醫。謂：「女人貴
於節守，賤軀已為吾夫視過，豈容遊醫褻瀆。」就此，子未滿月，抱病而亡。
地方具呈報縣衙，縣衙表彰節烈，請靈牌入貞烈祠祀之。

當然，並不是所有女人都諱疾忌醫的。大多得了惡疾，到了實不可解的時候，方由家人秘密求醫，生怕四鄰得知，以為家風不善、招來閒言碎語。彼時，多高明的中醫診療也僅是望、聞、問、切，「四診」之外，別無良方。在「男女有別」、「男女授受不親」的封建社會，男醫生為女患者診治乳疾，即不能望，又不能聞，更不能用手「切」脈，只能向家屬詢問病狀，根據經驗開方下藥。至於能否治癒，只能聽天由命了。

彼時，中醫對診治女病，本身也視為畏途，業內有「女病難醫」、「寧治十男子，不治一女人」的說法。對於貴婦名媛、閨閣少女，尤其「碰之不得」。即使病得再重，家人也不會隨便請男醫生近身看病。這一層諱忌，清前歷代政府都有明確規定。例如明朝內廷，「鑒前代女禍，立綱陳紀，首嚴內教」，還規定：「宮嬪以下有疾，醫者不得入宮。」皇室嬪妃生病，只能由宮人轉述病情，御醫揣摩著開藥方，即所謂「以證取藥」。如此，上行下效，民間的節婦烈女們寧願痛死病死，也諱疾忌醫，絕不延醫看病。

香港中文大學圖書館裏，收藏有一部曾給袁克定看過病的德國醫生魏克理的手寫《日誌》，其中，就記有他為北京大戶人家婦女診病時的情形：

> 我被僕人引入內室，只見幃幔重重，在其家人的監視之下，不得近身，不能掀起床幃，不能看到病人面貌，不能接觸她的體膚。
> 我一時慌得不知如何下手。

就這樣，連外國西醫也不得幸免。即使病人面臨生死關頭，主人家也不讓醫生當面問診。

明代《習醫規格》一書則規定：醫生「隔帷診之亦必以薄紗罩手。」女病人不能直接面對醫生，而要用簾幕圍帳「隔」一下，嚴格遵從著「男女授受不親」的信條。即便可以出來見男醫生，女病人也要用紗巾或扇子「蔽面」。

談到診治乳疾，要先談一下女子「開懷」二字。「開懷」二字在舊時是與「處子開苞」同一詞義。京劇《三堂會審》中，劉秉義審問蘇三時問道：「你那初次開懷的人兒是哪一個呢？」就是問她的「初夜」。彼時的「女乳」似乎比「女陰」還要諱忌。

那麼，乳房生病如何診治呢？明成祖朱棣曾做出一個示範。史載：他的夫人徐氏患了乳疾，疼痛難忍。御醫「以證取藥」，不見好轉。乳疾日重一日，朱棣十分焦慮。一日，宮外來了一位道士，說能治好皇后的病。他能遠遠地站在殿外，讓人在皇后的手腕上纏上一根絲線，另一頭握在手中，通過這根

絲線的輕微顫動，就能判斷出皇后的脈象。朱棣聞後默然許之，準道士入宮看病。依照此法，果然治好了皇后的乳病。從此，便開啟了後世中醫「牽絲診脈」的先河。

「牽絲診脈」的診病方法一直到了民初還在盛行。筆者兒時有一同學，家住前門珠市口鋪陳市，其父是北京「四大名醫」之一馬龍伯先生。我有時到他家去串門兒，有機會見到馬老。記得有一次交談時，我們聊起了「牽絲診脈」的事情。我記得馬老從書櫥中拿出了一樣東西，三個發光鋥亮的小銅環，上邊繫著三股長長的紅色絲線。馬老當場示範，用左手中間的三個手指串入銅環，右手扣壓在三個銅環之上。他說：「紅線的另一頭繫在女病人的手腕上，將紅線拽直。通過病人脈博的輕微振動，來感知他的脈象，而後斷定病情，開方給藥。」我很認真地問：「您是名醫，這事兒能準嘛？」馬老笑著說：「那怎麼能準哪！我想這也是封建社會逼出來的辦法，故弄玄虛嗎？說起這套診脈銅環，還是早年間我的業師傳給我的。只是留個念想。我的老師也曾坦誠地跟我說，可別拿這玩意兒糊弄人！他老人家也從來沒有用過。」說這番話的時候，馬老已是快八十歲的老人了。他在中醫學院講課時，常常拿著這副銅環現身說法，批判舊社會的愚昧無行。

上圖為《道士診脈圖》。史載明成祖朱棣之妻徐氏，身患乳疾，永治不愈。此時。宮外有一道士稱身懷絕技、可以牽絲診脈。成祖遂宣其進宮，果然把病治好，得到成祖讚譽，從此，此技傳入民間。

　　無獨有偶，古代醫者還發明了一種《祝由十三科》的看病方法。清代出版的《點石齋畫報》上，畫了一位高明的遊醫正在為一名患有乳疾的婦人治病。圖的上方有文字說明。這位遊醫不在病人患處診治，而是避開病人和乳房上的病灶，拿著手術刀，裝模作樣地在牆上胡塗亂畫。旁邊還立著一面布招，上寫「湖南辰州祝由科神醫治病」。今人一看，這分明是一種騙術。可是，這種祝由科醫生至少在清末還是十分盛行。

　　何謂「祝由科」呢？筆者為了弄清楚這個問題，問遍中、西醫，竟然無人知曉。唯《素問》一書上有《移情變氣論》一說，語云：「余聞古之治病，惟其移情變氣可祝由而已。」後邊的注釋說：「由，從也；言通祝於神明，病，從而可愈也。」《古今醫統》進一步解釋說：「苗父上古神醫，古祝由科，此其由也。」是說，這種用「畫符焚表、乞祝神明」的方法治病，是上古神醫苗父的發明。他留有《祝由十三科》一書傳世，指導遊醫施治，導至謬種流傳不絕。

此圖為清代出版的《點石齋畫報》上畫的《祝由治乳圖》。這位遊醫不在病人患處診治，而是避開女病人和乳房上的病灶，拿著手術刀，裝模作樣，一味在牆上胡塗亂畫。旁邊還立著一面布招，上寫「湖南辰州祝由科神醫治病」。可見，這種祝由科醫生至少在清末還是十分盛行。

依此說法，祝由科原來是一種不用藥，全憑符咒消災的醫療方法。相傳源於古辰州。其方法是書符念咒，祝說病由，殺鬼驅病，移瘡它物。一不診脈，二不給藥，自稱神明護持，病魔自消。囑病人歸家靜養幾日，其病自愈！這也就輕鬆地解決了「節女不近男醫」的問題。

明眼人一看，「牽絲把脈」也好，「祝由治病」也好，都是一種騙局。但是，就是有人對此信之不疑，還將其「神技」寫入醫書。就算天下有此神醫，民間又能從何處尋得？只能任憑遊醫盲瞽裝神鬧鬼、胡說八道，不知葬送了多少民間婦女的性命。

（十一）國人淪為「東亞病夫」

根據近代婦科專家的研究，東方健康的成年女性標準的乳房應具有以下特徵；首先要豐滿、勻稱、柔韌而富有彈性。乳房位置較高，形狀挺拔，呈半球形。乳房的外部形狀，大致可分為玉碗形、半球形、圓錐形、玉峰形、山傾形、懸月形等等。一對豐滿而富有彈性的乳房，構成女性特有的流暢、圓潤、優美的曲線美。

而在明、清乃至民國初年，由於女子被束胸的惡俗壓迫，使得華夏這片熱土上已難找到正常的、健美的女性身姿。在束胸布的擠壓之下，乳房裏的乳腺、淋巴節和毛細血管都變得乾癟、細小、栓塞、發育不良。未婚女子的乳房變成扁扁的「餅乳」或「乳餅兒」；已婚女子的乳房變成鬆鬆垮垮的「垂乳」、「餅兒乳」；生育後的婦人，因奶水不足，則逐漸變成「袋乳」或「奶袋子」了。無數美麗的女性，都葬送在「體態婀娜」、「弱不禁風」等美譽的詞藻之中。而在這些詞藻的後邊，掩蓋著無數噬人性命的病灶和惡魔。報人林白水先生曾一語道破：「那些終日捧心的女性，其實，大都患有乳疾。心、肝、脾、肺的氣血不足，虛弱不支，輾轉床頭，遂墮入無邊的苦海之中。」

試想，這些多病的、患有乳疾的婦女們，能生育出健康活潑的兒童嗎？她們能有豐富的乳汁來哺育下一代嘛？明代中醫師萬全在《幼科發揮》一書指出：

> 婦人心氣不足胎弱：小兒初生，面色昏黯，肌膚灰白無血色，困臥悸動不安，或面色青紫，四肢逆冷。肝氣不足胎弱：小兒初生，面青無華，目開不合，哭聲緩慢，手足搐搦，筋衰無力，爪甲薄而軟，或爪甲脆裂變形，枯無光津。脾氣不足胎弱：小兒初生，面色

蒼黃，口唇色澤枯萎不華，肌膚瘦弱無力，手足如削，不欲吮乳，哭聲低微，大便稀溏，乳食不化。肺氣不足胎弱：小兒初生，面色光白、呼吸氣短，淺而間斷，哭聲柔弱，狀若呻吟，體溫偏低，惡寒怕冷，肌膚薄弱，皮膚弛緩，膚色灰白，毛髮不生。腎氣不足胎弱：小兒初生，面黑不榮，目中白睛多，骨節軟弱，頭縫開解，雞胸龜背，四肢羸弱。

　　如是，病姑娘結婚之後，變成病媽媽。病媽媽生出了有病的孩子，病孩子又吃不上養分充足的母乳，長大後，也是個身體羸弱的病男、病女。清代學者蔣士銓有一篇著名的散文，名叫《鳴機夜課讀記》。是寫自己兒時多病，與同樣多病的母親一起互憐互慰、相依為命的情景，迄今讀之，感人不忍掩卷。他寫道：

　　　銓九齡，母授以《禮記》《周易》《毛詩》，皆成誦。暇更錄唐、宋人詩，教之為吟哦聲。母與銓皆弱而多病；銓每病，母即抱銓行一室中，未嘗寢；少瘥，輒指壁間詩歌，教兒低吟之以為戲。母有病，銓則坐枕側不去；母視銓，輒無言而悲，銓亦悽楚依戀。嘗問曰：「母有憂乎？」曰：「然。」「然則何以解憂？」曰：「兒能背誦所讀書，斯解矣。」銓誦聲琅琅然，爭藥鼎沸。母微笑曰：「病少差矣。」由是母有病，銓即持書誦於側，而病輒能瘥。

　　蔣士銓，字心餘，號藏園，又號清容居士，乳名雷鳴。江西鉛山人，道光年翰林。蔣士銓生在衣食無憂的詩禮之家，有病的母親可以以詩書代藥、撫兒課子；有病的兒子，可以以背詩讀文，為病母娛心解憂；「爭藥鼎沸」一詞，納為成語，至今傳為佳句。而當時的中國，有千百萬草根百姓和無數終日為衣食而憂的病母、病兒，他們又當何以為醫呢？

　　甲午海戰之時，大清國兵敗如山倒，割地賠款，喪權辱國，舉國上下，一片哀歎唏噓。彼時，江南市井流行一首膾炙人口的彈詞開篇《病國病民病兵丁》。彈詞人滿腹哀怨地唱道：

　　　病國病民病兵丁，病父病母病兒童。
　　　病國無能挽既倒，病民無力染煙容；
　　　病兵不能去征伐，病父不能榮祖塋；
　　　病母不能操廚事，病兒終日涕淚零。
　　　一人得病尚可醫，舉國有病醫不成……

　　如此病國、病民、病父、病母、病兒童，瓜瓞綿連，一代傳一代，周而復始，謬種流傳，亡國亡種之慮，豈不近在眼前！由此，「東亞病夫」的帽子一直扣在了中國人的頭上。

　　「東亞病夫」一詞原本是外國人對中華民族的貶稱，後來，逐漸演變成中國知識分子自鑄、自稱、自辱的一個貶義詞。其英語原文為 Sick man of East Asia。該詞最早出現在清末上海英國人辦的《字林西報》的一篇文章裏。梁啟超在翻譯此文時，將之譯為：「夫中國東方病夫也，其麻木不仁久矣。」他在《新大陸遊記》中，就此譯法解釋說：「稱病態畢露之國民為東亞病夫，實在也不算誣衊。」面對中國政治經濟的腐朽衰敗、民生凋敝的現實狀況，就連激進愛國的嚴復、康有為、孫中山、胡適、魯迅諸君對此詞也點頭稱是。「東亞病夫」這種並非侮辱和嘲諷的定位，真實地反映了舊中國國事民生的窘極境狀。疾病、不衛生，缺醫少藥，陋習癖俗，嚴重地摧毀著國人的體質和婦幼健康。

（十二）愚昧落後排斥西醫

　　封建時代的中國是以小農經濟為主，廣大的農村處於低水準種植、低水準收穫的落後狀態。千百萬農民被土地牢牢地拴在艱辛的勞作之中，他們沒有文化，缺少見識，胸懷狹隘，更沒有解放自己的辦法和能力。相反，濃厚的封建意識制約著他們的思維，控制他們的行動，使他們身不由己地反對新生事物，抵制社會進步。在婦女的形體解放以及問診看病這方面也是如此。

　　就拿婦女的乳疾來說，正如前邊所言，中醫「病不醫乳」，患病的婦女又「乳病不醫」，尤其在缺醫少藥的農村，只好任憑巫婆神漢胡作非為，喝符水、吃香灰，最終誤人害命。清季被迫的「對外開放」，西醫開始進入中國，教堂的西醫教士可以用西藥、用手術為她們診治。對於因患病而痛苦不堪的婦女來說，到教堂或西醫診所去看病，也算多了一條解除病痛的門徑，這原本是一種進步，是一件好事。但民間盲目的「妒洋」、「排洋」、「仇洋」、「反洋」情緒作祟，往往也阻遏了這條道路。尤其在 1900 年庚子事變的前後，教士醫生、西醫和西藥幾乎遭到滅頂之災。震驚中外的義和團運動，史學界迄今對其是非功過，有著不同的政治見解和爭論。本書對這些問題不做討論。單就西醫、西藥而言，義和團的團眾出於狹隘的階級屬性，盲目地

排斥、毀壞教堂、殺戮西醫、搗毀西藥，的確是不爭的事實。

社科院對《中國近代西藥史》的研究表明，西醫、西藥是由西方傳教士率先引進中國的。1827年（道光七年）西醫傳教士郭雷樞（Colledge）在澳門開設了中國第一間眼科診所。他為貧民免費治療沙眼、白內障、視網膜脫落等症。使無數患者重見光明。因此，口碑稱頌，深孚眾望。他在《中國叢報》上發表了論文《對用醫生來中國傳教的提議》。提出「應以醫學為先鋒進入中國，更能得到中國人的歡迎與認同」，郭雷樞認為，中國人不能簡單地理解西方抽象的教義，但是身體有了病，需要治療。我們醫好了他們的病，就能贏得他們的心。中國經濟落後，民間缺醫少藥，為他們解除痛苦，也體現上帝的仁愛之心。為此，他發起「醫學傳道會」，鼓吹「協和」，遊說各國西醫來華服務。

他的建議得到歐美教會大多數的認同，執有一技之長的傳教士醫生紛紛來華，一邊治病，一邊傳教。他們用手術刀，在廣州治好了林則徐的小腸疝氣；在天津，治好了李鴻章夫人的甲狀腺亢進；在湖北，治好了張之洞愛妾的乳腺囊腫。在全國各地，治好了無數平民百姓的眼疾、足疾、乳疾和鴉片毒癮。西方先進的醫術逐步贏得了部分官府要員的信任，也贏得無數民眾對教會和西醫、西藥的尊重。信教入教的民眾日益增多，教堂也就越蓋越多。自然，信教的群體與不信洋教的群體之間的矛盾衝突也就越來越激烈。全國各地的教案不斷發生。

第二次鴉片戰爭以後，清政府對傳教和西醫醫療有了明文規定，教士醫師可合法地深入到華北、華中、華南的大中城市行醫傳教。醫生教士為了擴大影響，他們還培養信教的中國人從事西醫的診治工作。在1877年，只有38位中國人在教會醫院受訓。到1895年，僅廣州教會醫院就有150名中國人通過訓練學習畢業。同樣，成都、南京、武漢、天津、北京等地的西醫執業者和西醫診所也日漸增多。據統計在庚子事變之前，首善之都北京的教士醫生和獨立執業的西醫生就有三百多人。遺憾的是，這些中國的西醫生因受過西方教育，都背上了一個「二毛子」的污名。

西醫在中國的發展原本是件進步的事業，卻因封建思想與近代文明在意識形態方面引出了巨大衝突。原本為巫女神漢佔領的農村醫療市場，逐漸被洋教堂、西醫和西醫診所代替，愚昧的嫉妒、仇恨和不滿，終於借著義和團運動爆發了出來。

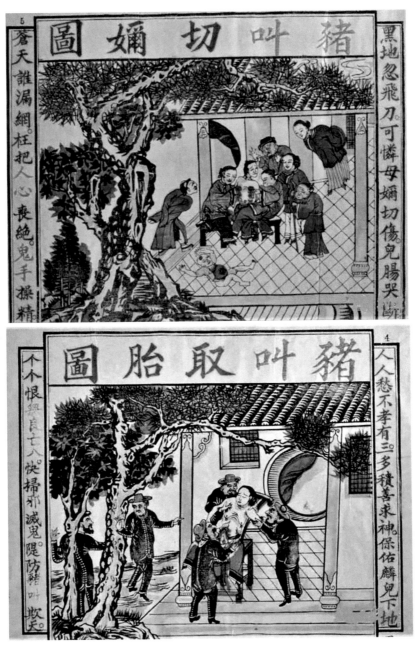

以上兩圖分別為《主教（豬叫）切奶圖》和《主教（豬叫）取胎圖》，出自周振漢編撰的《謹遵聖諭辟邪全圖》一書，內容針對洋教和西醫，在全國發行八萬餘冊，對義和團的興起，起到推波助瀾的作用。此圖現存於大英博物館。

造成庚子動亂的根本原因，故然與西方文化的入侵和清政府的腐敗無能有關。但具有仇洋情結的封建腐儒、腐官們煽動挑撥、謠言惑眾，也起著推

波助瀾的作用。例如，長沙的一個叫周振漢的腐儒，他編撰了一部《謹遵聖諭辟邪全圖》，無中生有地攻擊西醫和教士醫生。書中描述教堂裏邊聚集的全是黃髮綠眼的魔鬼。國人入了洋教，就會變成了妖孽。女人在教堂裏生小孩，會被洋人活生生吃掉。婦女在教堂裏治療乳瘡，便會被洋人活活的割去乳房。如果在教堂裏醫治眼病，便會被洋醫生剜去雙目。如此種種，說得活靈活現。他把這些妄言畫成圖畫，彩色印刷，不計成本，在全國廣泛發行，竟達 8 萬餘冊，在當時可是個極大的數字。以此煽動仇洋、仇教，可謂登峰造極。後來，這部書在義和團起事的時候，竟成了團眾們手中的《天書》和《神壇聖經》，人人觀看，日日誦讀。

腐官，因手握有生殺大權，為害更甚。最為典型的是「太原教案」的製造者毓賢。他在 1900 年 4 月 19 日走馬上任後，親自打出「義和團」旗號，自己當起了義和團的統領。他命令鐵匠精製鋼刀數百把，發給幾百名「拳童」並親自訓話，煽動「仇洋、仇教」，鼓勵他們上街鬧事。這些人見教堂就燒，見洋人就殺，在全國首開屠殺外國傳教士的先河。太原城內的教堂頃刻之間化為一片火海。

在毓賢的指令下，北至大同，南至臨汾，處處放火，處處追殺洋人。被污為「二毛子」的本國教民都成了冤鬼，遭到殘酷的殺戮，死於非命的不計其數。有案可籍的事例，如，從大教堂中逃出來的一個英籍醫生教士，對操刀欲殺他的義和團丁說：「那一年山西鬧災荒顆粒無收，我們曾拿出數萬兩白銀來賑濟災民，救活過好多人呀。你們饒了我吧。」團丁全然不聽，手起刀落，教士便身首異處。

還有一個在教堂裏服務的外國女醫生，她懷裏抱著小孩，跪在路邊哭著說：「我是個醫生，治好過不少人的疾病，請你們放過我們母子吧，我對你們是有用的！」話未落音就被一個團丁大棒打倒在地，再將母子二人投入火中活活燒死。

更為令人髮指的是，毓賢把教堂中的中外修女二百餘人趕到桑棉局的大院裏，強迫她們退教。她們不從，就先把為首的兩個修女殺掉，控出兩盆鮮血，命其餘的女人喝掉。這些修女反抗不從，也被悉數殺死。其中一個修女被割下雙乳，死於逃跑的路上。這些事例均見自毓賢向朝廷彙報的《奏劄》之上。

庚子動亂之時，進入北京的山東義和團團勇在端王府神壇上的合影。

「太原教案」一共殺死12名主教和修士，34名英國傳教士和11名教士們的子女。山西全省共殺傳教士及外國人191人，殺死中國教民及其家屬子女1萬多人，焚毀教堂、醫院225所，燒拆房屋兩萬餘間，是各省中死人最多的一個省。（見中華書局版馬勇著《1900中國的尷尬》）

義和團蜂擁進入北京後，除了攻打西什庫各大教堂之外，第一個焚燒的目標竟然是大柵欄的老德記洋貨店和屈臣氏西藥房，稱其店內藏有魔鬼和毒藥。結果火勢失控，連燒數日，前門一帶化為瓦礫，燒毀鋪戶1800餘家，大小房屋7000餘間，連正陽門的樓頂都被燒毀。龍顧山人在《庚子詩鑒》中寫到：豐泰照相館的老闆被義和團當「二毛子」抓住，吊在屋裏，施以刑迫。「謂照相必用人眼。令其指出藏睛處」（見《義和團史料》上131頁）。他們把珠市口和琉璃廠一帶的西醫診所悉數搗毀。葉昌熾著《緣督盧日記鈔》中記載：「團民在西醫堂看到蠟人，便認為是人臘鑄成。」坐診醫生均按「二毛子」定罪砍死。親身經過這場動亂的旗人柴萼，在其撰寫的《庚辛紀事》中寫道：「義和團稱外人大毛子，教民為二毛子，間接與洋人有關者稱三毛子，此外還有四毛，五毛乃至十毛等名目。凡屬毛子，就殺之無赦。棄之道旁，無人敢為掩埋，竟為豬犬所食」。

住在西城武定侯胡同的閻仲裔先生講，武定侯西口路南的一處老宅，在清末是一位有名的西醫住所。他曾醫好了端王府內眷的乳病，在北京很有名

氣。庚子年間，平安里新街口一帶成了義和團斬殺「二毛子」的屠場。這位醫生怕受凌辱，攜全家十餘口自殺，全部溺死在自家後院的井裏。這類故事在老一輩北京人的口中流傳很多。

據社科院近代史研究所統計，義和團運動中，有241名來華傳教士被殺，其中天主教傳教士53人，新教傳教士及其子女188人，這中間包括了兒童53人。2萬3千多名中國基督徒遇難殉道。其中天主教18000人，新教5000人。此外，還有許多人因庇護基督教徒而被殺害。其中，最受冤枉的人中有很多是西醫大夫。

為什麼義和團最恨「二毛子」西醫呢？細考，這些義和團的首領如朱紅燈、趙三多、王一慶、張德誠、何以四，紅燈照的首領「黃蓮聖母」林黑兒、廖觀音和妹子三仙姑等等，都是有爭議的人物。郭沫若、吳晗等人在他們撰寫的文字中，都稱讚他（她）們是農民領袖，是革命者。而另一派則說，他（她）們都是鄉間裏的巫婆神漢、遊醫土娼，聚眾滋事、禍國殃民痞子。我們姑且折衷而論，他（她）們不一定都是壞人，但都不是忠厚老實的農民百姓。他（她）們都是在鄉間不以農事為業的流民閒漢，或是張天師、三仙姑、各路拳師或串鈴遊醫。若用「農村階級分析」的話來說，他（她）們都是農村中的流氓無產階級和遊手好閒之輩。這類人油嘴滑舌、鼓簧善辨，具有很強的煽動性和組織能力。一有動亂，借題生事者，必多此輩。這些首領為什麼憎恨西醫、洋教，其中一個重要的原因，就是西醫、洋教奪走了他們在鄉村中的生意和飯碗。動亂一起，便把「革命」矛頭對準了這般「宿敵」，這也是很自然的事情。總之，庚子之亂造成的惡果很多，在一定程度上阻遏了正在進步的醫學進程。有相當長的一個階段，西醫不敢臨堂問診，開方施藥。這也是對反進步勢力的一種懼怕。

三、乳的論戰（晚清 1898～民國 1927）

（一）嚴復疾呼「母健兒肥」

當我國的皇帝們大搞閉關鎖國、唯我獨尊的時候，歐洲諸國正處於經濟騰飛的階段。科學技術的飛速發展，引起了第二次工業革命，並開始向壟斷階段過渡。美、德、英、法等國位居世界前列，就連原本落後的俄國、日本，經過變法維新，也迅速地強大起來。變革舊的制度和舊的生產關係，解放生產力，發展資本主義，已經成為一種不可遏止的世界潮流。到了 19 世紀末葉，英、法、美、德、意、日、俄和葡萄牙等列強，相繼進入帝國主義階段，他們沉瀣一氣加緊對落後國家和地區的侵略。當他們把視線移向東方的時候，地大物博而又愚昧落後的中國便成了他們垂涎三尺的獵物。

大英東印度公司以友好通商的名義，把成噸的鴉片運進了中國，以傾城墮落的「癮君子」換走了滾滾外流的白銀。道光皇帝尚暈頭暈腦地問：「何為英吉利？」臣子翻遍典章後，竟然回答道：「查無此國。」國家最高的領導集團在日新月異的世界面前已無知如此，華夏子民豈不都成了任人宰割的牛羊。

鴉片戰爭的慘敗，西方列強趁機掀起了瓜分中國的狂潮，偌大的中國被分割成一塊塊列強的「勢力範圍」，整個國家處於豆剖瓜分之境。割地、賠款、主權喪失，接踵而來。

面臨族滅國亡的緊迫形勢，迫使一些先進的中國人開始思考，昔日不可一世的泱泱大國即將沉淪的原因，開始尋求新的救國救民的道路。林則徐、魏源等人主張「向西方學習」，發出了「師夷長技以制夷」的呼喊，成為學習

西方的先聲。洋務派人物將他們的思想付諸行動。在「中學為體，西學為用」思想的指導下，學習西方先進的科學技術，希望達到「自強」「求富」的目的。但是，甲午戰爭的慘敗，表明靠洋務運動非但不能救中國，而且，加速了中國社會殖民化的進程。亡國滅種的危機就在眼前。

此時，出了一位著名的思想家——嚴復，他先後畢業於福建船政學堂和英國皇家海軍學院，擔任過京師大學堂翻譯局總辦，清廷學部名辭館的總編輯。嚴復翻譯了赫胥黎的《天演論》，他在書中明確地提出「物競天擇」、「優勝劣汰」的思想。主張徹底改革政體，「鼓民力」、「開民智」、「新民德」，解放生產力，實現民主自由。並且一針見血地指出，中國若不自強思變，必將亡國滅種。

在他的政治主張中，有一個十分突出的思想，那就是呼籲政府要重視婦女問題。嚴復指出：「中國婦女每不及男子者，非其天不及，人不及也。自《列女傳》、《女誡》以來，壓制婦人，待之以奴隸，防之以盜賊、實之以聖賢。」他說：「吾國未嘗對女子以有思慮之倫相待。禁錮終身已習以為常，對強加於女子之貞操，吾人甚恥之。」他率先提出「革除危害婦女的種種陋習，如纏足、買賣婚姻、早婚、多妻制、買妾、女子守節、溺殺女嬰」等等，都是萬惡之源。

在這裡，他雖然沒有提出女子束胸和解放乳房的問題，但是，他第一個喊出了「母健而後兒肥，培其先天而種乃進」的口號。

國強必須民健，每一個國民都應該具有健康強壯的體魄，才能從事生產，創造財富；才能當兵作戰、抵禦外侮。母親有著健康的體質和營養充足的乳汁，她才能養育出先天足壯，體質健康的嬰孩。才能保證種族健康的存活和優化，才能立於世界之林！嚴復雖然沒有參加維新運動的實踐，但是，他對西學的介紹和宣傳，對近代早期知識分子起到了思想啟蒙的作用，也為醞釀中的戊戌變法提供了強有力的思想武器。

嚴復（1854.1.8～1921.10.27），英國留學。先後任上海復旦公學校長、安慶高等師範學堂校長，清朝學部名辭館總編輯。在李鴻章創辦的北洋水師學堂任教期間，培養了中國近代第一批海軍人才，並翻譯了《天演論》、創辦了《國聞報》，系統地介紹西方民主和科學，宣傳維新變法思想，將西方的社會學、政治學、政治經濟學、哲學和自然科學介紹到中國，是清末極具影響的資產階級啟蒙思想家，翻譯家和教育家，是中國近代史上向西方國家尋找真理的先進的中國人。

（二）康有為率先提出「婦女解放」

　　較之嚴復，維新運動的領袖康有為和梁啟超諸公則在維新變法和中國「婦女解放」啟蒙運動中，起到了功不可沒的先導作用。他在宣導變法維新的同時，提出一系列「解放婦女」的主張。

　　康有為在《大同書》中提出要「去家界」，要實行男女平等、婚姻自主，打破封建家族宗法關係和綱常名教的束縛，實現婦女的人權、自由、平等、獨立和個性解放。他說：

　　　　嘗原女子被抑之故，全在男子挾強凌弱之勢，故以女子為奴而不為人；其繼在男子專房據有之私，故以女子為一家之私人而不為一國之公民。其造端致遠，在千萬年尚力劫制之時，其積久成風，為千萬年禮俗教化之順。浸之既久，抑之既深，禮俗既成，教化既定，則無論抑人與被抑者皆忘其故，而幾誤以為義理之當然，於是無量年、無量數之女子，永沉苦海而不之救矣。

康有為（1858～1927），原名祖詒，字廣廈，號長素。廣東南海人，中國政治家、思想家、教育家，光緒廿一年（1895 年）進士，聯合 1300 多名舉人，上萬言書，組織強學會，得到了光緒帝的贊許。1898 年，任命總理衙門章京，准其專摺奏事，屬行變法維新。

《大同書》從八個方面歷數了專制制度下婦女被「抑之，制之，愚之，閉之，囚之，繫之」的痛苦。其中包括：

> 不得自立，不得任公事，不得為仕宦，不得為國民，不得予議會，甚且不得事學問，不得發言論，不得達名字，不得通交接，不得予享宴，不得出觀遊，不得出室門，甚且跰束其腰，蒙蓋其面，刖削其足，雕刻其身。

其中「跰束其腰、雕刻其身」，指的就是束胸束乳。其結果使婦女必於「為囚」、「為刑」、「為奴」、「為玩具」的地位，政治、經濟、婚姻、社交等方面的權利被剝奪殆盡。這種「遍屈無辜、遍刑無罪」的做法，是「天下最奇駭、不公、不平之事」，是天下無數女子的「彌天之冤」、「沉溺之苦」。

康有為的婦女解放思想具有豐富的內涵，洋溢著鮮活的時代氣息。他在對近代中國婦女悲慘命運同情的基礎上，對封建社會野蠻的婦女制度進行無情批判，理性地闡釋了婦女解放思想的內核。康有為在戊戌變法期間，曾說服慈禧皇太后以政府文告的形式發布「禁止全國婦女纏足」的文告。而且，

自己和他的同志們一起身體力行，創建了「不裹足會」，指導婦女放足。他宣導婚姻自由，也指出抑制婦女發展，是有害於立國之道。

康有為還提出了許多具體的措施來拯救中國婦女。例如，設立女學，如學問有成，許選舉、應考、為官、為師，但問才能，不加禁限。女子也可當選大總統；社會義務與男子無別；在法律上一律平等；婦女婚姻自由，父母不得包辦，女子有獨立之權。康有為提出的「凡束縛女性身體的並對其身體造成傷害的舊俗都應廢除」，這裡所指的不僅僅是要婦女「放腳」，恢復「天足」；其中，也包括「放胸」，恢復女子的「天乳」。

康有為的弟子蝸居廬主人在《申報》上著文，更明確地呼籲：

> 我國積貧積弱久矣，其責在於君，亦在於民；亦在於國體，亦在於民族。在於君者，居高在上，不曉民情；在於民者，愚昧無知，苟於蠅蠅；左於國體，不思求變；在於民族，抱舊守殘。男者愚矣，更壓迫於女；女子愚矣，更壓迫於子；重重枷鎖，重重桎梏，男子如囚大獄，女子如入死牢，後輩子侄未解時世，已為無期死徒矣！如此談何進步，社會談何更新。楊洪殺來，只得引頸就戮；夷狄未至，百姓早已自縊宅中。君不強無以為國，民不強無以為家；國體不強如天傾四維，民族不強滅種亡國。男子不強何以立身立世，女子不強何以哺乳兒孫！今女子裹足，平日難出閨室。聞得聯軍入京，逃之不得，只有投環墮井。庚子之變，京師自盡之女成百上千。女子束胸更是曠世陋俗，豆蔻束胸，如萌芽被折，乳泉失源，何堪為母？無乳之母何以飼子？子不服乳，何以生長？何以強身？後輩贏弱，何以為家？舉國如此，何以為國？

可惜，諸如嚴復、康有為和蝸居廬主人們的這些卓識遠見，並未喚醒國人的注意，他們關於「女子解放乳房」的呼籲之聲，掩於塵囂；激揚文字，石入深潭，不曾激起半點波瀾。更可惜的是，由於維新派中出現了「極左」的舉動，要把原本還支持變法的慈禧老太后囚禁起來、甚至還要殺掉，這才出現了袁世凱的倒戈和太后的回鑾。變法失敗，譚嗣同諸君被殺，康有為逃出了中國，跑到加拿大避禍去了。他們的這些想法和要做的事情尚未施行，便多已化作煙雲。自戊戌變法之後，報刊上談及女子束胸應該解放之事的文字，便少之又少了。

（三）孫中山未能簽署《束胸禁革令》

　　孫中山是中國近代偉大的革命家和思想家，也是中國婦女解放運動的宣導者和推動者，他對中國婦女解放運動做出了巨大貢獻。

　　孫中山在少年時期，對婦女纏足、束胸等惡俗從心裏就深惡痛絕。他對自己的姐姐們身受纏足、束胸之苦極為同情，多次央求母親手下留情，並「再三表示抗議」。成年之後，他開始為婦女被剝奪受教育的權力深表憤慨。曾著文稱：「今天下之失教亦久矣，不識丁者十有七八，婦女識字者百中無一。此人才安得不乏，風俗安得不頹，國家安得不弱？」他提出必須要實現男女平等，使「婦孺亦皆曉詩書」。他在《中國同盟會革命方略》這一綱領性文字中就下定決心，聲言革命成功後，一定要翦除一切不良的惡俗。「風俗之害，如奴婢之畜養，纏足之殘忍，鴉片之流毒，風水之阻害，亦一切禁止。」

　　同盟會的成立，預示著中國社會巨大變革的到來。同盟會組織中聚集著無數革命男女，其中，不乏諸多出色的巾幗女傑。孫中山早已明確地意識到中國革命「沒有婦女的酵素，就不可能有偉大的社會變革」。他把革命與婦女解放牢牢地結合在一起，同盟會內部始終實行「男女平權，婦人亦有選舉權和被選舉權」。

　　據統計，在辛亥革命時期有名可查的女同盟會員就有 50 多人，其中，尤以秋瑾、唐群英、何香凝、林宗素諸君最為稱著。他們或不畏艱險，與男會員一起試製手雷炸彈；或是機智勇敢地為起義軍運送武器彈藥；或是秘密地組織設立地下機關，掩護革命黨人；或是直接參與暗殺活動，以大無畏的獻身精神，實踐反清志向。有的革命女傑還親自組織軍隊，直接參與戰事，成為建國元勳。秋瑾便是為革命捨身取義的女子第一人。她曾為爭取中國婦女的自由和女權引吭高歌：

> 吾輩愛自由，勉勵自由一杯酒。
> 男女平權天賦就，豈甘居牛後？
> 願奮然自拔，一洗從前羞恥垢。
> 願安作同儔，恢復江山勞素手。
> 舊習最堪羞，女子竟同牛馬偶。
> 曙光新放文明侯，獨去占頭籌。
> 願奴隸根除，智識學問歷練就。

責任上肩頭，國民女傑期無負。

（秋瑾《勉女權歌》）

孫中山（1866～1925），名文，字載之，號逸仙。他是中國民主革命偉大先行者，中華民國和中國國民黨的締造者，三民主義的宣導者，創立《五權憲法》。他首舉徹底反帝反封建的旗幟，起共和而終帝制。

孫中山盛讚這種大無畏的革命精神。在歷經千辛萬苦，流血犧牲、前仆後繼，百折不撓的革命歷程之後，終於在 1911 年推翻了滿清的封建統治，成立了中華民國。史載：中山先生在南京就任中華民國臨時大總統的第一天，就頒布了《改曆改元通電》和《中華民國大總統就職宣言書》等一系列公告，宣布民國新政伊始。3 月 13 日，孫中山又簽署了移風易俗的《大總統令內務部通飭各省勸禁纏足文》。文中嚴令：「已纏足者令其必放，未纏足者毋許再纏，倘鄉僻愚民，仍執迷不悟，則或編為另戶，以激其羞恥之心，或削其公權，以生其向隅之感。」

據說，與此同時，孫先生還要簽發《大總統令內務部通飭各省勸禁革女子束胸文》。但是，由於在總統府秘書處任職的宋靄齡女士對此持有異義，而留中未發。她認為女子束胸的問題不能與「女子放足」同日而語，其不屬於陋俗之例。並把這一觀點直接向秘書主任胡漢民先生反映。胡漢民對此意見即不支持，也不反對，沒有明確表示自己的觀點。於是，宋靄齡便又向孫中山先生當面直陳，並列舉了西方基督教會並不提倡女子豐乳的一些例子。孫總統聽後，一時也不好堅持，便將此公告擱置了下來。

說也奇怪，民國初年的革命女傑們對於婦女「解放乳房」一事，一致諱莫如深，從來不表態，不說隻言片語。就連為國捐軀的秋瑾、首創女子學堂

的何蓮卿，以及為了爭取女權，腳踢參議院，掌摑宋教仁的唐群英，對這一問題也是三緘其口，一字不談。在她們那些擲地有聲的激烈話語中，對女子束胸的事情，都是予以漠視、迴避不言。

細檢，中國最早的女性報紙，如陳擷芬女士主筆的《女報》，丁初我、陳志群創辦的《女子世界》，燕斌女士在日本創辦的《中國新女界雜誌》，何震女士創辦的《天義報》，唐群英在上海創辦的《婦女時報》。儘管這些以「女」字命名的報刊，曾積極地為中國女權運動振臂高呼、搖旗吶喊。但在女子肢體解放的問題上，從來不談放乳的事情。這種現象一直延續到民國成立以後的很長的一個階段。女子放足、易服、讀書、上學，自由戀愛、婚姻自主、走向社會、議政、干政、從政，都鬧得轟轟烈烈。唯獨「解放乳房」一事幾乎無人提及。女子束胸，依然故我，沒有絲毫變化。

足見，束胸的陋俗歷經了元、明、清，數百年的習俗教化，在人們的思想中已經成了根深蒂固，天經地義，無需改變，也無法改變的事情。就連女子本人也以「天乳」為恥，自覺自願地把自己的雙乳束縛起來。而且，越束越緊。社會上下形成了一種公認的「平胸美學」，女子自身也將雙乳列入最大的禁忌。

1908 年《時事畫報》上宣傳「開通女智」的時事畫，圖中介紹許多新女性熱心創辦女學，創辦紡織傳習所，養蠶傳習所，刺繡局等新生事物。但是，對於女子自身的肢體解放問題則諱莫如深。

（四）先鋒女子追逐「慕男風」

民國建元以後，在革命春風的吹拂下，社會變化日新月異，移風易俗，百廢俱興。婦女解放運動風起雲湧，出現了一個又一個的高潮，先鋒婦女衝入社會，介入各個層面展示自身力量的同時，提出了「男人能辦到的事情，女人也能辦到」的口號，並且形成一種思潮。

在這種思潮的激勵下，男人上街示威遊行，反對軍閥，女人也上街示威遊行，反對軍閥；男人上大學念書，女人也能上大學念書；男人從軍北伐，女人也組織自願軍與男人作肩作戰，一起北伐。反映在日常行為中，女人也一力效法男人的作風作派。男人抽煙，女人也抽煙；男人拿文明棍兒，女人也拿文明棍兒。男人穿長衫、戴禮帽上街；女人也穿長衫、戴禮帽出席社交活動。在當時，婦女把男性的一切革命行動都當作自己行動的楷模，事事以男性的標準衡量自身的價值，身體力行地直接仿傚，處處不讓鬚眉，凡男人能做的，巾幗不甘落後。當時的激進女性一點兒也沒有認識到自身精神存在的特殊性，而是因為急於投身革命，身體的細節則已無暇兼顧了。

民國初年，社會上掀起了一陣「慕男風」的狂熱。好些先鋒派的女知識分子把自己視為男性一樣，也要獨當一面，也要呼風喚雨，也要叱吒風雲。女作家盧隱和北京國立女子高等師範學校學生自治會主席王世瑛、文藝會幹事陳定秀、程俊英，標榜自己是春秋戰國時代的無忌、孟嘗、平原、春申「四公子」。長沙周南女校的三名活躍女子，魏璧、周敦祥和勞啟榮，則自稱為「周南三傑」。她們參與革命，行動坐臥、衣著打扮，皆如男子一般。她們梳短髮、著長衫，踱方步，執摺扇，抽紙煙，喝紅酒，嬉笑怒罵、指點江山、瀟灑倜儻、吟詩作賦，遠遠望去，自與男兒無異。

不僅如此，花界的娼妓們也都標新立異，穿男裝，留男髮，說「官話」，抽紙煙，動不動以「三爺」、「二爺」自號，捧客們也趨之奉承，使其身價百倍。當時，名動公卿的賽金花、楊翠喜，平日就是男裝打扮，呼三喝四，不輸鬚眉。人們莫不稱之為「賽二爺」、「楊二爺」，便是實證。

彼時，演藝界最火爆的是「京腔大戲」，京劇演員也是以女鬚生、女小生、女武生最為顯貴。活躍於京、津、滬舞臺上的女老生恩曉峰、孟小冬、楊菊芬、筱月紅；女武生中的余紫雲、趙紫雲、筱月山，韓月樵，莫不菊壇專擅，龍艓獨步，聲名赫赫，儼然一介偉丈夫！尤其，女武生梁春樓，她在臺上起打猛烈火爆，動作如疾風驟雨，用真刀真槍開打，簡直令觀眾不敢直

視。她的拿手戲《金錢豹》、《戰馬超》、《戰冀州》、《挑滑車》、《白水灘》等，演將起來不遜「武生泰斗」楊小樓、蓋叫天。他們在臺上演的都是不可一世的英雄好漢、威風八面；在臺下則是長袍馬褂，禮帽雲履，手杖煙壺，英姿颯爽，也是一等一的「鬚眉大丈夫」。

以上兩張老照片攝於民國初年，革命女傑、時髦女子皆以著男裝、學男人的作派最為時髦的事情，從而導致「平胸美學」大肆泛濫，女子束胸越來越緊。

　　在這些領軍人物的影響之下，女性男裝風行一時。新女性、女學生，時代女，競相傚仿，假鳳虛凰，紛紛登場。至使社會也不得不接受這一現實，有人提議，乾脆女人更裝易服，全都改穿長袍馬褂吧。1920 年 3 月 30 日，文人滬榮泉在《民國日報》上發表了一篇代表性的文章，名為《女子著長衫的好處》，他舉出了四大好處：

> 便利。女子上面著了外衣，下面著了裙子，太不便當，倘使著長衫，只一件便夠，可省時百利。二、衛生。女子著短衣裳，容易受寒，但著了長衫，上下都暖，而且夏天，比著裙風涼。三、美觀。女子著長衫，比衣裙好看得多。四、省錢。上下兩件衣裳用料較多，但如果只著一件長衫，可節省布料和金錢。還有一層，女子剪了髮，

著了長衫，便與男子沒有什麼分別，男人看不出是女子，就不起種
種壞心思了。或者女子在社會上的位置，更高得多呢。

在這種思潮的籠罩下，女子們普遍認為，「腳，必須放，而乳，則不必
放。如果將雙乳放開，那就不革命了，就不像男子漢大丈夫了」。這也是「解
放乳房」比「放足」滯後了十多年的原因之一。

（五）梅蘭芳的「平胸美學」

民國初年，社會上還掀起了一股演出「新劇」的浪潮，很多著名的先驅
人物都投身到演新戲的活動當中。最早，當數春柳社演出的話劇。

春柳社成立於 1906 年冬季的日本東京，是留日學生旨在研究各種新文藝
的學術團體。春柳社是由李叔同率先發起並親自主持社務工作的。當時，社
裏的主要成員有歐陽予倩、吳我尊、馬降士等人。他們原本都是戲劇愛好者，
有的還是頗有舞臺經驗的票友。他們在日本留學期間，不約而同地喜歡上了
日本話劇，這是一種新興的、具有寫實風格的「新派」戲劇。它與日本傳統的
「能劇」不同，通場用口語對白，通俗易懂，接近生活，更接近觀眾。春柳社
的全體同仁便一心研究這種表現形式，並以實踐演出活動來增進自身的體會，
以期有朝一日把話劇引進中國，來為革命中的新時代服務。

春柳社於 1907 年春，在東京演出了法國小仲馬的名劇《茶花女》，李叔
同飾演劇中的女主人公——阿爾豐西娜·普萊西，獲得中外人士的廣泛讚譽，
也開創了中國話劇「男扮女」的先河。他們的演出「全部用的是口語對話，沒
有朗誦，沒有歌唱，也沒有獨白和旁白進行解說」。這種嶄新的演出形態，為
中國近代舞臺增添了一顆璀璨的明珠。

民國建元，隨著這些先驅者的返國，這種話劇形式便也引入了中國，令
人耳目一新的中國「話劇」在文化界、學界和知識分子陣營中，引起了巨大
的震動。一些專業劇團亦爭相傚仿，排演出很多為現實服務的新戲。各大院
校更是積極踴躍，先後成立話劇團社，排演了許多鼓噪革命、匡正時弊的「時
代劇」，如《惠興女士》、《鑒湖女俠》、《黑奴籲天錄》、《不如歸》、《玩偶之
家》等名劇，每場必滿，演出時一票難求。

新的話劇也造就了一批擅演女角的「美男子」。其中歐陽予倩、馬絳士、
潘月樵和還在天津南開大學上學的周恩來，他們都是南北稱著的「新劇男
旦」。他們的演出不僅反映出新的時代精神，謳歌了民主自由，而且他們在舞

臺上塑造的「女性形體美」，也深深地影響著觀眾們的嚮往和追求。尤其對新女性和女學生們來說，更具有極大的吸引力。

　　青年時代的周恩來之所以被譽為「美男子」的稱號，就是以他在天津南開大學演出話劇《一元錢》時，飾演女主人公孫慧娟而得名的。他扮演的女人「儀態萬方，婀娜多姿」，比女人還女人，深得觀眾愛憐。「新劇男旦」在舞臺上的豐姿倩影，對新女性自身的形體追求，起著潛移默化的引導作用。她們對舞臺上男旦們的「平胸之美」，更是充滿了豔羨之情。

民初，社會上掀起了一股「新劇」的浪潮，很多著名的先驅人物都投身到演戲的活動之中，很多長得漂亮的男人就去飾演劇中的女角。這幀照片是周恩來（右一）在南開大學編演的新劇《一元錢》中，飾演女主角孫慧娟。他在舞臺上展示的婀娜身姿，給人的印象極深。周恩來的「美男」綽號，也是在這一時期被人叫響的。

　　彼時，名聲大噪的京劇「男旦」梅蘭芳，雖然沒演過話劇，但他所排的新劇如《鄧霞姑》、《一縷麻》等，也吸收了不少話劇的表演元素和技巧。他在舞臺上獨擅第一「美男」的地位，已是絕對無可非議的。大名士易順鼎有一首詩稱讚梅蘭芳的美貌：

　　　　京師我見梅蘭芳，嬌嫩真如好女郎。

　　　　尤物同銷萬古魂，天公不斷多情種。

　　梅蘭芳訪美演出時，美國戲劇藝術評論家司徒克‧揚說：「梅蘭芳沒有簡

單地模仿女子，他旨在發現和再創造婦女的動作，情感的節奏，優雅、意志的力量，魅力、活潑或溫柔的某些本質上的特徵。」戲劇評論家徐城北在評論梅蘭芳時說：「京劇裏旦角的衣服大多是直線條的，也沒有假胸，露在外面的只有一張臉，手露出來時是蘭花指，不露出來時是水袖。演員只能靠這些來說服觀眾。」足見，「男旦」沒有「假胸」，不戴「義乳」，僅以「平胸之美」便足以征服時人、獨領風騷。在形體造型方面，甚至達到「比女人還美」的地步。

1915 年，梅蘭芳在天津演出時裝新劇《鄧霞姑》。這在當年的京劇舞臺上還不多見。所謂時裝新戲，就是採用當時人的衣著打扮，反映當時社會現實生活。梅蘭芳的扮相大獲觀眾好評，人們普遍認為他是聲、藝、色三絕的超等人才。他的「比女人還女人的美」，也成了時尚女子們爭相仿傚的模特。

據當時的《南開學報》報導：青年時期的周恩來曾率領南開話劇社的同學們一起乘火車來到北京，訪問西單舊簾子胡同的梅家老宅。與梅蘭芳坐在一起開座談會，一起討論舞臺上旦角的表演藝術和如何塑造女性「形體美」等問題。梅先生的藝術高論使大家獲益匪淺。

直至 20 年代，在社會輿論開始呼籲女子「解除束胸、大膽解放乳房」的風潮中，當時的戲劇刊物《評劇叢談》還發表了一位劇評家談《梅郎美在何處》的文章。作者借題發揮，對社會上流行的「平胸之美」大發宏論。他在文中寫道：

梅蘭芳君演戲之美，美在何處？竊以為美就美在「平胸」。梅郎
所飾之嫦娥、麻姑、西施、羅敷，一個個莫不纖巧婀娜，小鳥依人，
使人觀之莫忘。其造型貴在胸平臀俏，方顯得雍容華美、儀態萬方。
既使其在《醉酒》中所飾之楊玉環，也必然摒棄「肥環之美」，而遷
就羸瘦，故每演必紅火爆棚。試想，若梅郎登場，胸滿臀肥，即使
面貌姣好，也會令人噴飯矣！

今日讀來，看似荒謬，其實，它很能代表當時社會上普通存在的「平胸
美學」觀。男旦們在舞臺上所塑造的「平胸佳麗」、「平胸美人」的藝術形象，
以及他們廣泛刊登在書報雜誌上的「倩影」、「玉照」，平坦無乳的胸口都起著
時髦美人的示範作用，影響著世俗心理和時尚女人們的追求。把自己的雙乳
束緊，追求「平胸之美」，是彼時很時髦的「形體美」的追求。

梅蘭芳的泳裝照，攝於 1926 年，刊於戲劇旬刊第二期

二十年代，市俗社會追逐西方的時尚。上海遙遙領先，上層人士的時髦
觀就是全盤西化，中產階級青年則是盲目的羨慕追求。他們看的是好萊塢電
影，著洋裝、吃西餐、喝洋酒、跳社交舞。從 1915 年開始走紅的梅蘭芳先
生，雖然是傳統京劇演員，但他有著無數的粉絲、是一顆耀眼的明星，他在
舞臺下的形象，則是獨領風騷的「時尚青年」。他全身洋化，著 TOWNTEX
西裝、SAXSON 皮鞋、使用 SWANK 牌鍍金鑰匙鏈、鱷魚皮錢包。在當年，
身穿進口的游泳衣，到洋人的游泳池裏游泳，是件最最時髦的事情。以上這

幀梅蘭芳先生的泳裝照攝於 1926 年，曾見刊於《戲劇旬刊》第二期。梅先生的泳裝倩影，對那些「平胸美學」的崇拜者和「慕男狂」的新女性們，想當然地有著巨大的、潛移默化的影響。

（六）滬府發佈公告禁止女子低胸

民國初年，隨著歐風東漸，女人的容妝服飾從煩瑣累贅逐漸變得簡約洗練，首飾花紋也從繁複瑣碎變得簡潔明快。她們先是去髻、剪髮，而後改造衣裳。上衣緊縮合體、顯露腰身；高聳的領子，逐漸變短、變瘦、變低，最後變成「雞心」「烘月」；先是露出脖子，最終露及胸口。衣袖，更由肥闊變得瘦窄，由長變短，露出了手腕、小臂，最後，露到胳膊肘兒；下衣的長裙逐漸變成短裙，短裙變成長褲、長褲變成短褲，最後，露出了腳，露出了小腿和襪子。

進入 20 年代，一種進口半透明的「喬其紗」、「印度紗」大為行世。女性們用它做袖子、做領襟，做裙子的飾邊，更增添了無限春色和嫵媚，漫畫家丁聰的父親丁悚曾在《申報》上寫詩云：「趨時婦女競新妝，荷葉邊兮滾滿裳。」人們都稱這一新的服飾有著「雨打梨花」之嬌，更具「紅杏出牆」之美。接著，又流行用「喬其紗」或各色的薄紗做衣領、衣袖，為的是把玉臂、玉頸露出來。不久，這些半透明的薄織物又被女人們用來做馬甲，做披肩，做外衣，有意識地把裡邊的衣服半虛半掩地露出來。

以前女人的衣著，胸口是不能外露的，即使睡覺，也要穿著長過膝蓋的長背心，胸部也必須用布製小衣褋平。這種「捆身子」內衣，其形制與穿在外面的坎肩相似，但十分短小，前片兒綴有一批密密麻麻的紐扣，用它將胸部緊緊扣住。

一些追求個性解放的女人傚仿西方佳麗，開始試穿自己設計的小馬甲，上端半遮半掩地微露於外衣之外。這一式樣，在開放的上海一度成為時尚。更有一些大膽的女人，採用輕薄紗料製成緊身背心，外罩網紗，可以隱隱約約地露出白皙的肌膚。這樣的裝束一旦出現在公共場所中，不僅受到男性們的覬覦，更會遭到封建衛道士的猛烈攻擊。1918 年夏季，上海市國民政府議員江確生先生專門為此事，致函江蘇省公署，稱：

> 婦女現流行一種淫妖之時下衣服，實為不成體統，不堪寓目者。
>
> 女衫手臂則露出一尺左右，女褲則弔高至一尺有餘，及至暑天，內

則穿衣粉紅洋紗背心,而外罩以有眼紗之紗衫,幾至肌肉盡露。

江議員認為這是一種「淫服」,有著「冶容誨淫」的作用,如果任其發展下去,會導致世風日下,道德淪喪。他書呈省政府,要求江蘇省、上海市及租界當局出面對這種「淫服」全面禁止,「以端風化」。按理說,創建民國的人一般都受過西方教育,他們的思想、行為應該比較開明。但這位江議員的奇談,竟然得到江浙一帶的道學先生、名教領袖們的廣泛支持。他們聯合起來。一起口誅筆伐,共同聲討女人的「洋紗背心」。上海市政府也迫於輿論導向和社會賢達的強烈要求,於 1920 年 5 月在《新聞報》上頒發《布告》,聲色俱厲地說:對「故意奇裝異服,以致袒臂、露脛者,准其立即逮案,照章懲辦」。

《公告》一出,女界大嘩。因為凡是穿著低胸、露出胳膊服裝的女子,都將面對逮捕入獄的災禍。當時的上海《新聞報》曾報導了一則《顧千金身著褻衣被控》的新聞。稱上海「五金大王」顧玉麟的獨女顧小鳳,自幼嬌慣成性,愛出風頭,喜著時裝。常身著低胸袒臂的粉色內衣,出入公共場所,招搖過市。被人舉報,政府責成社會局出面法辦。顧玉麟慌忙請來張一弓大律師從中斡旋。最終,庭外和解,以顧小鳳低頭認錯,更改服裝,繳付罰金了事。

這一階段,上海追求時尚的摩登小姐們,都在長輩們的監督下,將別出心裁的時裝收斂起來,依然讓「小馬甲」更加緊緊地裹住自己的胸乳。

茅盾先生在這一時期寫的小說《創造》中,曾描寫了一位還未起床的女主人公的形象:

> 沙發榻上亂堆著一些女衣。天藍色沙丁綢旗袍,玄色綢的旗馬甲,白棉線織的胸褡,還有緋色的褲管口和褲腰都用緊帶的短褲,都卷作一團……(女主人)還沒醒,兩頰緋紅,像要噴出血來。身上的夾被,早已撩在一邊,這位少婦現在是側著身子;只穿了一件羊毛織的長及膝彎的貼身背心,所以臂和腿都裸浴在晨氣中了,珠絡紗篩碎了的太陽光落在她的白腿上就像是些跳動的水珠。

說明民國初年的女性即使在睡覺的時候,也要穿著長背心,緊緊包裹自己的乳房。出門時,在旗袍、外衣裏面,必須穿上「捆著身子」般的小馬甲,以防雙峰突兀。

上海錦江飯店創辦人董竹君女士出身豪門,從小受著進步的中、西教育,她的家庭和她本人的思想也都是很開化的。但是,她們家庭中的所有女人必須從小束胸,這一祖上留傳的規矩是絕對不可以更改的。她在記述自己生活

的回憶錄《我的一個世紀》中，描述她在十五六歲時穿的服飾，就是「一件灰色無花的綢面灰鼠皮襖，一件緊胸的布背心，一條黑緞褲，一雙黑鞋和白洋布緊襪套」。並且，特以加括弧式的注釋強調：「當時女孩子都要把胸部捆得緊緊的。」如此開明家庭中的女孩尚且如此，平民之家的女孩就更擺脫不了「束胸」的折磨了。

當年，女子束胸一事，不僅父親母親要管，老師要管，社會輿論要管，而且政府也要出面管！

這幀繪於二十世紀一十年代《時美圖》煙草廣告畫，真實地反映了那個時代中產階級家庭的女孩，就是「一件灰色無花的綢面襖，一件緊胸的布背心，一條緞子褲，一雙黑鞋和白洋布緊襪套。並且，都把胸部捆得緊緊的。」絕不能讓乳峰突起。

（七）「評劇皇后」被逐出北京

這一禁令在上海、在南方並沒有執行多久，大約貫徹了一年多，也就自動失效了。可是，在比較保守的北方，尤其是在北京，對「故意奇裝異服，以致袒臂、露脛者，准其立即逮案，照章懲辦」的律條，則被政府制訂的「有傷風化罪」代替，一直貫徹得很嚴。

現在，北京檔案館存有一份「北平市社會局」（J2-3-100）號檔案，上面詳實地記載了著名評劇演員老「白玉霜」因舞臺服飾裸露，犯了「有傷風化罪」，被警察局拘捕，驅離北京的一段往事。事情的起因，是因為她排演了一出神話故事劇《拿蒼蠅》，她在劇中穿了一件大紅兜肚兒。

　　其實，《拿蒼蠅》這齣戲的內容並不淫穢，故事也很簡單，演的是一隻母蒼蠅經過多年的修煉，最終成精，化成人形。而後下界與人戀愛、生子。此事被天庭知曉，玉帝便派遣了神兵神將下界捉拿。當年，老白玉霜搬演此劇時，確實一鳴驚人，轟動九城，人們爭相觀看，到了一票難求的程度。票價從三角一張，一直漲至一元一張，大有趕超梅蘭芳、馬連良之勢。

　　當時的北平社會局戲曲審查委員會想瞭解這齣戲為什麼這樣「火炎」，便於11月9日，委派辦事員陳保前去觀看。陳保看完戲後，於次日呈上一份報告說：

> 奉派檢查白玉霜所演《拿蒼蠅》是否有傷風化等因，遵即前往。劇中白玉霜及兩女伶分飾蒼蠅精，著白色衛生衣褲，長筒絲襪，紅色兜肚，褲長不及膝，緊裹其身，外披翼形氅衣，由蒼蠅成精起至被天兵捉拿止，除「生子」一幕著衣裙外，其餘各場，均著上述衣飾。且全場電燈熄滅，用五色電光，照耀臺上，該伶等且歌且舞，宛如裸體，劇情及唱詞，亦均極猥褻，實有審查章程第五條乙項第二款情事。（見北京檔案館存「北平市社會局」（J2-3-100）號檔案）

這是二十年代後期，上海華品煙草公司出品的一幀評劇《拿蒼蠅》的劇照煙畫。第四場蒼蠅精顯形，女演員身著粉色「衛生衣」（即緊身內衣），肩披粉紗，胸前繫一繡花大紅兜肚飄然上場。在追光的照射下翩然起舞，這一大膽的設計，驚得衛道士們目瞪

口呆。「評劇皇后」老白玉霜就是因為獻演此劇，遭到北京特別市戲劇審查委員會的斥責，袁良市長派員警將老白玉霜以「有傷風化」罪論處，武裝押解，逐出北平。一時間，成為北平的頭號新聞。

上圖右為丁聰為李再雯著《我的母親老白玉霜》一書的插圖。二十年代評劇《拿蒼蠅》，蒼蠅精顯形時身著粉色「衛生衣」，肩披粉紗，胸前繫一繡花大紅兜肚上場。在追光的照射下蹁然起舞，這一大膽的設計，驚得衛道士們目瞪口呆。老白玉霜因為獻演此劇，遭到北京特別市戲劇審查委員會的斥責，袁良市長派員警將老白玉霜以「有傷風化」罪武裝押解，逐出北平。一時間，成為頭號新聞。

11 月 10 日，該委員會常務委員吳曼公收到報告以後，與委員們一起研究，均認為只「著衛生衣」和「紅色兜肚」上臺，委實「有傷風化」，當即批示「擬通知該園禁止演唱」。同日，社會局長批示「如擬」。次日，委員會便通知廣德樓戲園和梨園公會停演此戲。又致函北平市公安局，稱老白玉霜「嗣後無論在何戲園，均不得再行演唱此劇」，要求將老白玉霜驅逐出境。據白玉霜的女兒「筱白玉霜」（李再雯）在《回憶錄》中說：

> 以我母親的名字構成社會新聞的事件很多，大約最轟動一時的是被北平市長袁良驅逐出境的一樁事了。據說，頭天正在廣德樓演過《貧女淚》，那也算不得是壞戲，寫的是兩妯娌一貧一富，在婆家受到的待遇不同，也是那時候流行的有點控訴意味的戲。第二天早上忽然來了幾名背槍的員警，手拿公文，也不鬆手，只指給我母親和舅舅看，說是市長不讓白玉霜在北平演戲了，因為她的戲演得有傷風化。什麼地方有傷風化？往後改了行不行？都不容分說。而且十分火急，必須當時上火車回天津。和園子訂的合同、全團的損失怎麼辦呢？我母親急得哭也哭不出來，舅舅陪她上了火車站，員警一路押送他們。到豐臺，員警才下車。就好像我母親是什麼瘟神，把她送出境外才能保證本地太平似的。她在戲裏當過女犯人，在生活裏當過這樣角色也不只這一次。

因為「女為母諱」的原因，文中雖然沒有提到《拿蒼蠅》和「紅兜肚」的事情，但從側面印證了老白玉霜確曾犯了「有傷風化罪」，而被法辦了。

當時命令驅逐老白玉霜的市長袁良先生下野以後，一度寓居上海。有一次，他在恩派亞劇場看了老白玉霜演的《馬寡婦開店》之後，特意請她吃頓便飯。席間，老白玉霜笑著問起當年被逐一事的原委，袁良先生欠身致歉，

並說了一句很有意思的話：「唉！當初是我在臺上，你在臺下；而今是你在臺上，我在臺下嘛！」

（八）西醫乳科呼之欲出

經過義和團運動和庚子事變的影響，有很長一個時期，西醫沒有緩過元氣來。大概又經過數年以後，西醫、西醫診所和西藥房才陸陸續續得到恢復。不過，到西醫診所看病的多是比較開明的男人，而中國女人很少涉足。西醫婦科在我國推行得比較晚。至於西醫「乳科」的設立，更是難上加難了。洋醫生對中國女人一概束胸的怪現象十分奇怪，對束胸誘發的很多乳病亦顯得憂心忡忡，看著著急，但又束手無策。他們不斷寫文章，呼籲社會注重這方面的問題。

留日歸來在滬上執業的西醫大夫黃維翰先生，就曾在《新聞報》副刊上撰文，力陳女子束胸的危害。他在《婦女衛生旨要》一文中旗幟鮮明地指出：

> 女子平胸，在日本稱之為貧乳，從西醫學之視角以為，女性平胸乃是不健康之結果。成年女子平胸，除乳房先天發育不良外，多因穿著緊身胸衣之壓迫有關，令其乳脂肪不能集中，導致乳腺不暢。西醫學普遍認為平胸女性生育力較低，體質差，不利受孕。平胸之另外原因亦與營養貧瘠，家族遺傳、日常生活習慣、精神狀態以及睡姿、坐姿不良有關。乳房又是哺乳的器官，平胸則母乳之分泌量低，不足以哺育嬰兒。因之女子要服用寬適之衣，坐、臥端正，平日加強營養和戶外活動，尤以常沐浴日光、運動體質為第一要旨。

但是，他說的一切並不被人重視。到是隨著歐風東漸和女子學堂的興起，一間專門培養女醫生的西醫學校終於誕生了。那就是由美國教會長老會委派的女醫生富馬利夫人，在廣州西關逢源西街禮拜堂開設了「廣州女子醫學堂」。這個學堂還附設一間「道濟醫院」，是該學堂學生的實習醫院。該校的立學宗旨是：

> 以耶穌真理為體，以新學救人為用。欲來學者，須為中國婦女，及其學成，以天道救人之靈，以醫道治人之身，振興世界，扶植國脈，並非別開生財門路，願學者毋忘此旨。入學女生的資格需：尊重人格，不能為富人培養側室，故凡妾侍之流，斷不收錄；學習功課繁重，非專心致意不能進步，故已嫁而有家累者不錄。因學習研

究的學問，頗多深奧，腦力未長足及文字不通順者，斷難勝任。故凡來學諸生，須年足十八歲，對本國文字能讀能作，又略明各種科學者方能入選。如資質過鈍，不能追上學科，或品行乖張，不堪造就者，本校必須請其退學。凡由外省來學，如文字通順者，可以收錄。

學堂學制規定為五年，四年本科，一年實習。學習課程為藥品學、產科學、外科學、內科學、病體學等。此年內學生須入藥房配製藥品，入割症（手術）房學習手術，晨昏隨醫生入醫院診症或隨醫生出外接生、診病。

該校於 1902 年改名「夏葛女子醫學校」。二十年間，先後培養出一兩百名出色的女醫生、女護士，對西醫婦科在華生根發展起到示範作用，對婦女「乳科」的研究和建立打下堅實的基礎。

義和團運動發生後，各教會利用庚子賠款重建和新建西醫醫院，教會醫學校在各地出現。據《中國醫學通史》統計，如廣東女子醫學校、北京協和醫學堂、漢口協和醫學校、濟南共和醫學校、上海震旦大學醫學院；福州協和醫校、瀋陽教會醫學院、上海聖約翰大學醫學院、成都華西協和大學醫學院系、湘雅醫學校如雨後春筍般地興起。據 1913 年的統計，教會醫學校學生 500 多人。在華教會學校 23 所，各類護士學校、藥學校、助產學校 36 所。從此，以專門診治婦女乳房疾病的乳房專科，已然呼之欲出了。

（九）李叔同精心繪乳

女子放乳，這一經過武裝革命都未能解決的問題，最終，還是落在新文化人、新詩人、西醫和天才的藝術家們的肩上。他們以科學和藝術的實踐，用詩歌、用小說、用畫筆、用攝影，大膽地向這一禁地進軍，為「天乳運動」的興起做足了輿論準備。以下我們先談一談，早期的藝術家們為婦女「放乳」搖旗吶喊，所起到的先鋒作用。

2015 年，中央美院在金陵美術館舉辦的一次大型畫展，其中有一幅百年前的老油畫《半裸女像》掛在最醒目的地方，分外耀眼奪目。這幅畫寬 116.5釐米、高 91 釐米，可謂是件大製作。畫面當中繪有一位上身赤裸，雙乳熠熠，斜倚在椅子上小憩的女人。她面頰微揚，二目微閉，全身放鬆，一副午睡微憩的神情。畫面的恬靜、優雅，給人以無窮的遐想和美的享受。畫中婦人的肌膚白晰滋潤，膚下的血脈極具動感，一對富有立體感的雙乳，健康飽滿、

晶瑩剔透，充滿生命活力和原始欲望的滿足。觀眾可以從畫中細膩的筆觸中感覺到，繪畫者對這一健康女性肉體的傾心膜拜，以及對女性乳房的敬畏和尊重。令觀者莫不駐足凝視、歎為觀止。

李叔同（1880～1942），又名李息霜、學名廣侯。是著名音樂家、美術教育家、書法家、戲劇活動家。他從日本留學歸國後，擔任過教師、辦過報紙，後剃度為僧，被人尊稱為弘一法師。這幅油畫創作於1909年，稱得上中國第一幀描繪「美乳」的畫作。

這張畫的作者是誰？美術史專家們經過審慎縝密的研究考證，認定該作品的創作年代為辛亥革命的前夕的1909年。作者則是民國先驅著名的詩人、畫家、教育家「弘一法師」李叔同先生。

從葉聖陶先生在1982年為《劉海粟文集》出版所寫的《序文》中得知，「他（李叔同）在日本的時候，畫過一幅極大的裸女油畫。後來，他出家了，把這張畫贈與了夏丏尊先生。中華人民共和國建國之初，夏先生的家屬問我這幅油畫該保存在哪兒？我就代他們送交中央美術學院。」

據早期留學日本的同窗學友們回憶，李叔同先生對這幅作品是十分珍愛的，從起稿到完成，耗去了很多時間和精力。李叔同曾一邊用心繪畫，一邊動情地說：「我一定要把她的乳房畫好，要讓白皙的皮膚下，充滿流動的血液，充滿濃釅的乳汁。讓它給國人女子乾癟的乳房做一面鏡子，做一個表率。國人女子的乳房被折磨、被壓迫的時間太久了，為了國人今後的命運和前程，女人的乳房必須徹底解放出來。」

辛亥革命勝利後，李叔同費盡周折把這張油畫從日本帶回上海，計劃舉

辦一次展覽，要從藝術角度去聲援革命。但是，這幀裸露雙乳的女像，因為過於逼真寫實，過於大膽超前；一對鮮活的裸乳「違俗刺目」，幾乎令封建衛道士們不忍直視。李叔同費盡口舌，宣傳、動員，任何展覽場館均不敢予以接納，無法展出。李叔同對國人的保守和麻木完全失望了。後來，他把這幅嘔心瀝血的作品送給了得意門生夏丏尊，他悲痛地說：「舊俗如疊，何時自崩！」。夏丏尊便把這件《半裸女像》懸掛在白馬湖寓所的「平屋」裏。

據夏丏尊的孫女夏弘福女士回憶：當年，白馬湖寓所地處農村，「民風愚鈍，尚不開化。村民們聽說夏家廳堂裏掛著一張不穿衣服的女人，都覺得神秘好奇，不可理解。於是一傳十，十傳百地張揚起來，成了當地的一大新聞。人們紛紛湧來，爭著要看個究竟，搞得主人十分狼狽，應對不暇……。」

直到 2011 年，中央美院美術館在庫房清理民國藏品時，才將這幅在背面注為佚名的作品清理出來。經過科學論證和文獻對照，方認定是李叔同先生的作品。如今經過認真修復以後，這才重見天日。

李叔同先生出家後的法名叫弘一法師，他是第一位將西洋繪畫、音樂、話劇、廣告設計、現代木刻和西洋美術史帶回中國的文藝先驅。他也是最早宣導「人體寫生教學法」的美術教育家。他的諸多藝術作品和著作給世人留下了咀嚼不盡的精神財富。這幀《半裸女像》從藝術角度反映出，李叔同先生想身體力行地用藝術語言謳歌婦女，謳歌婦女健美的體魄。他想用畫筆喚醒中國女界，鼓勵她們要勇敢地自己解放自己，解放被壓迫的精神世界，解放自己被桎梏的軀體。使自己成為真正名符其實的「新女性」。

可以說，這張袒露雙乳的女人像，是中國藝術家繪製的第一張讚美女性乳房的油畫力作。也應該認定，這幅畫在發生的轟轟烈烈的「天乳運動」之前，曾起到了吹響號角般的鼓舞作用。

（十）劉海粟首創「裸模」

1920 年 5 月，劉海粟主持的上海美術專科學校，驀然爆發了一場轟動全國的大新聞，那就是中國美術史上著名的「女模特風波」。

這一天，劉海粟西裝革履站在教室的講臺上，十分嚴肅地對全體同學們說：「我校從 1914 年開辦人體寫生課以來，迄今已有多年歷史。最初我們只聘請到男孩，卻未能覓到願意獻身藝術的勇敢女性。今天，藝術女神終於出現在我們的畫室中了！」他慢慢拉開教室中的絲絨帷幕，一個少女裸體呈現

在大家面前。她的肌膚光潔細膩，如脂似雪。雙峰高聳、玉體橫陳，斜臥在寫生臺的軟榻上，烏黑的秀髮飄散在身體的一側。被這鮮活美麗的胴體驚呆了的所有同學和老師們，他們不約而同地站起來，畢恭畢敬地向這優美的軀體鞠了三個躬。少女的臉上頓時飛起了陣陣紅雲，激動的淚水止不住地從眼中滾落出來。

「姑娘，謝謝你！」劉海粟激動地說，「你是中國藝術殿堂中的第一個女模特，你書寫了中國藝術史的新篇章，藝術史應該記住你，也要記住今天：西元 1920 年 5 月 20 日！」

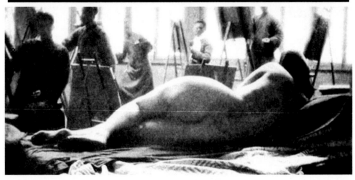

劉海粟主持的上海美術專科學校，在 1920 年 5 月首次以女子為模特進行人體寫生教學。此舉轟動全國，成為一大社會新聞。從此風波不斷，釀成了一場長達數年之久的論戰。

可是沒過兩天，一幫封建衛道士的打手們高喊著「搗毀妓院學校」的口號，揮舞棍棒沖進教室，把教室和教具砸了個稀巴爛。劉海粟與學生們一同舉辦的畫展，也因為懸掛了幾張裸體畫，引起軒然大波，險些被人搗毀。與此同時，《申報》、《新聞報》刊登了上海縣議員姜懷素呈請當局，要求嚴懲罪魁禍首劉海粟的文章。接著，上海縣縣長危道豐下令，禁止學校設置人體寫生課，《通告》強調：

> 欲為滬埠風化，必先禁止裸體淫畫，欲禁淫畫，必先查禁堂皇
> 於眾之上海美專學校模特兒一科，欲查禁模特兒，則尤須嚴懲作俑
> 禍首之上海美專學校校長劉海粟。

劉海粟則堅決抗爭，他奮筆疾書，用「科學與進步」的道理來駁斥這些道學先生的謬論。他指出：

> 人體模特兒與黃色下流畫風馬牛不相干，不可相提並論，模特
> 兒是藝術家在習作時，必須之輔助，以故各國美術學校，以及美術
> 研究中心，非不設置模特兒，以為藝術教育上不可或缺者也。凡曾
> 涉足歐美，或稍讀藝術書報者，聞模特兒其名，必聯想及科學之化
> 驗用具，同一德性，事極泛常，曾無驚奇之足言。反顧我國，今日
> 淺見者流，滔滔皆是，藉禮教為名，行偽道其實，偶聞裸體等名詞，
> 一若洪水猛獸，往往驚訝咋舌，莫可名狀；是猶曾聞日月經天，而
> 未聞哥白尼之地動說，可憐孰甚！

不想，上海總商會會長兼正俗社董事長朱葆三先生也開始向劉海粟發難。他把上海出現的淫靡之風，統統歸咎於美專創立的人體模特兒身上。連統治江南的五省聯軍統帥孫傳芳也親自寫信，要求劉海粟撤去模特教學。他說：

> 美亦多術矣，去此模特兒，人必不議貴校美術之不完善。亦何
> 必求全召毀。俾淫畫、淫劇易於附會，累牘窮辯，不憚繁勞，而不
> 見諒於全國，業已有令禁止。為維持禮教，防微杜漸計，實有不得
> 不然者，高明寧不見及？望即撤去，於貴校名譽，有增無減。

6月10日，上海《新聞報》全文刊登了孫傳芳的這封信，更引起了強烈的社會震動。劉海粟依然奮力抗爭，但與反對勢力比較，畢竟身單力薄，難以撼樹。最終，在法國大使館的保護和勸阻下，美專只好做出避讓，暫停了人體寫生課。這一風波也為不久出現的「放乳運動」，製造了輿論準備。

（十一）陳傳霖的首張傑作《乳》

據德齡女士所著《御香飄渺錄》記載，照相機和攝影術是由她的哥哥、即大清帝國駐德公使裕庚的大公子勳齡從德國帶回國內的。這種特別新奇的玩意兒，深得慈禧太后的喜愛，親封他為御前攝影師，可以在宮中行走。目前，傳流至今的許多清宮帝后生活的照片都是他的傑作。到了上世紀初，照相機和攝影術才逐漸普及起來，民間出現許多照相館，也出現了許多優秀的攝影師和攝影愛好者。他們在拍攝人像、建築、風景諸方面，進行著多方探索和嘗試。最終，人體藝術攝影也進入了他們的拍攝範圍。

關於我國攝影愛好者首次進行「裸女」拍攝的記載，出現於 1919 年。當時，北京大學「光社」成員劉半農、吳輯熙教授和黃堅三人，曾用重金購置的「萊卡」照相機進行了大膽的嘗試。他們雇用的模特兒是一位人力車夫的年輕妻子。因為是在劉半農的家中偷偷摸摸地拍攝，過於緊張激動，拍了半天，只成功了一張，還是抹糊不清的，所以沒有留下來。只是在文字記載中，他們成了中國人體藝術攝影的「第一人」。

二十年代初，上海外灘祥泰洋行由洋人舉辦的一次攝影藝術展中，中國攝影家陳傳霖先生展示了他的首次拍攝的人體藝術作品《乳》。這幀作品是用點、線、面和光的元素，首次生動地刻畫了中國女性乳房的美。從而，引起了巨大的轟動。當這幀作品被《申報》刊載之後，當即受到保守勢力的猛烈攻擊。有一位筆名「姑且」的讀者給報社寫信稱：

> 報刊雜誌乃屬公共傳媒，讀者甚重、婦孺長幼均會染目。如何能刊登這類淫穢照片、污人眼目。且拍攝者以個人私欲，誨淫誨盜、別有用心。當縛之於有司，予以嚴辦，以儆效尤。

陳傳霖對這些評論，只付予輕蔑的一笑，他對前來採訪的記者說：「這些評論家們難道沒有母親，不是吃人奶長大的嘛？請問，人乳何罪？外國女人都有著健美的雙乳，難道我們諾大的中國就不能有嘛！」他的這番言論一經見報，越發激起眾怒。一批身著長衫的封建衛道士們，有組織地聚集在祥泰洋行的門前，聲色俱厲地要陳傳霖出來辯論。公司無奈，只好叫來「紅頭阿三」，才將人群驅散。

陳傳霖是我國早期著名攝影家之一，生於 1897 年，歿於 1945 年。他在上世紀 20 年代初，畢業於南京金陵大學建築系。陳傳霖天資聰慧、為人謙恭好學，精通英語，剛一畢業，便被英國巨賈在上海開辦的祥泰洋行錄

用。他的工作輕鬆，待遇豐厚。因為有條件閱讀最新的外國書報雜誌，上面
刊載的藝術攝影作品深深地吸引了他的興趣，也啟發著他的藝術靈感。他
用數月的工資購置了德國相機和全套洗印設備，就在家裏悶頭自學起來。
每逢禮拜日休息，陳傳霖便攜帶攝影箱出外旅行，將沿途旖旎的江南風光
一一攝入鏡頭。通過數年不懈的努力和實踐，很快自學成材。他拍攝的作品
經常出現在《字林西報》的副刊上。成為中國攝影藝術的先驅。

　　陳傳霖經歷過新文化運動的洗禮和西洋文化的薰炙，新思想、新視覺，
使他在攝影藝術的天地裏，有著不同常人的敏感和獨到的審美意識。在當時
的藝術界裏，他是新知識階層的代表人物。

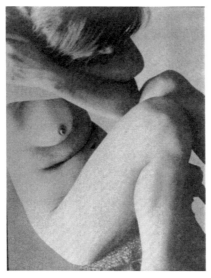

陳傳霖的這張名之為《乳》的作品是中國第一幀人體藝術攝影，也是他成名作品之一，
曾於 1926 年首展於上海英商祥泰公司大廳，後為《字林西報》、《新聞報》刊登。兩
年後又為《良友》雜誌刊登。是一幀頗有社會影響的作品，也是呼籲女子放乳的一種
社會先聲。

　　陳傳霖思想開放，對域外的人體攝影作品中所展現的千姿百態、美妙非
常的人體曲線美備加崇拜。他認為，西方女子的胴體這樣美，難道中國女人
的身軀就不美嗎？中國女人的身體為什麼就不能見諸天日呢？為什麼要永遠
被重重包裹而不能外露呢？他下定決心，一定要用攝影的手段來揭示中國女
人的人體美。要用東方的藝術氣息和通靈的認知與西方人體攝影進行抗衡。
他把自己的業餘時間全部奉獻給攝影。他為攝影而癡迷，更為人體藝術攝影
而癲狂。

　　在陳傳霖的影響下，不少早期攝影家如郎靜山、林澤蒼、林雪懷、聶光地、曹雲甫、向慧庵等人，亦不畏社會偏見和嘲諷，在人體藝術攝影領域中都做出了非凡的貢獻。1926 年，德國攝影家佩克哈默編纂的大畫冊《裸體文化在中國》，便是第一部中國的人體攝影集。裏邊收入了 32 幅中國女性人體作品，可以說是首開中國人體美術攝影的先河。對「天乳運動」的出現也做出了最大的努力。

陳傳霖拍攝的《自攝相》，反映出他對人體攝影藝術的強烈追求，和對中國女性美的強烈自豪感。在民國初年，社會風氣尚不開化的時期，他的作品起著呼喚婦女自我解放的作用。

圖為中國早期著名攝影家郎靜山拍攝的《裸女》，具有絕高的藝術造詣。郎靜山，1892年生於江蘇淮安，1911年始入申報館工作，1925年創辦中國攝影學會。他借鑒傳統繪畫藝術「六法」，潛心研習、加以發揮，攝製許多具有水墨畫韻味的照片，自成一種超逸和俊秀的風格。

（十二）毛澤東為女性放歌

1919年，轟轟的「五四」運動爆發，拉開了中國近代思想文化革命的新序幕。中國知識分子以一種特有的使命感、以儒家「先天下之憂而憂，後天下之樂而樂」和「家事、國事、天下事、事事關心」的「風節觀」為己任，且以「知其不可為而為之」的悲劇精神大聲呼號，要「使國家強盛」，要全面爭取「自由、民主、法治和科學」。「五四」運動的意義，在於呼喚民族覺醒，打破千百年來加在人民肩上的重重枷鎖，邁向理想中的新世界。在革命巨浪的推動下，婦女解放，婦女的肢體解放，以及乳的解放，也再次躍上了社會大舞臺。

大革命時期的毛澤東正值青春年少，充滿理想和遠大的政治抱負，他以筆為槍，活躍在激蕩澎湃的革命大潮之中。彼時，他在湖南是一位公認的學生運動領袖，「恰同學少年，風華正茂；書生意氣，揮斥方遒，指點江山，激揚文字，糞土當年萬戶侯。」

彼時的毛澤東與同齡的熱血青年一樣，對女子的處境也大呼不平。他曾

以女性的化身，用女人的口吻，在《湘江評論》上發表了一首很時髦、很激進
的《白話詩》：

諸君！我們是女子。

我們更沉淪在苦海！

我們都是人，為甚麼不許我們參政？

我們都是人，為甚麼不許我們交際？

我們一窟一窟的聚著，連大門都不能跨出。

無恥的男子，無賴的男子，拿著我們做玩具，

教我們對他長期賣淫，破壞戀愛自由的惡魔！

破壞戀愛神聖的惡魔！整天的對我們圍著。

什麼「貞操」卻限於我們女子！

「烈女祠」遍天下，「貞童廟」又在那裡？

我們中有些一窟的聚著在女子學校，

教我們的又是一些無恥無賴的男子，

整天說什麼「賢母良妻」，

無非是教我們長期賣淫、專一賣淫，

怕我們不受約束，更好好的加以教練。

苦！苦！自由之神！你在那裡！快救我們！

我們於今醒了！我們要進行我們女子的聯合！

要掃蕩一般強姦我們破壞我們身體精神自由的惡魔！

（引自 1919 年 7 月 28 日《湘江評論》《民眾的大聯合》）

　　青年時代的毛澤東在進行社會調查和在講習所裏講課時，都把婦女問題
放在重要地位。他為女子寫文章、搞研究、制訂章程和行動規劃，主張女子
在參政、教育、職業、交際、貞操、戀愛、放足、放乳、避妊諸方面，都要進
行改革，都要進入現代化，都要徹底解放！

　　他在《湘江評論》創刊號上大聲疾呼：

或問女子的頭和男子的頭，實在是一樣。

女子的腰和男子的腰實在是一樣。

為甚麼女子頭上偏要高豎那招搖畏風的髻？

女子腰間偏要緊縛那拖泥帶水的裙？

我道，女子本來是罪人，

高髻長裙，是男子加於他們的刑具。

還有那臉上的脂粉，就是黥文。

手上的飾物，就是桎梏。

穿耳包腳為肉刑。

學校家庭為牢獄。

痛之不敢聲。閉之不敢出。

或問如何脫離這罪？

我道，惟有奇女子革命軍。

（引自 1919 年 7 月 14 日《湘江評論》《女子革命軍》）

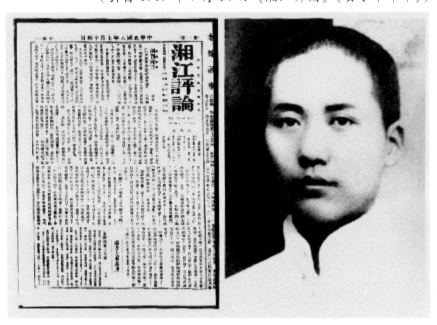

湖南學生聯合會於 1919 年創辦《湘江評論》，毛澤東任主編。該刊是一張四開四版的報型雜誌。從 7 月出版創刊號至 8 月中旬，共出版了四期，另加臨時增刊第一號。1919 年 8 月中旬第五期未及發行，便遭到軍閥張敬堯的查封。

1919 年 11 月，長沙學生趙玉貞因為反抗封建包辦婚姻，在出嫁的當天割頸自殺。這件事轟動了長沙。毛澤東義憤滿懷，連續在長沙《大公報》、《女界鐘》上發表文章，直指「國人積弊甚深，思想太舊，道德太壞」的封建婚姻制度和黑暗的社會現實，號召人們向吃人的舊社會發起進攻。他在《民眾的大聯合》一文中指出：「要進行革命的活動，改造社會，不是少數人所能做到

的,非有多數人的聯合不可……婦女也要聯合起來,齊向封建思想鬥爭」。

　　號召女子「放足、放乳」,是毛澤東早期革命思想中的一個重要組成部分。在他出任中央蘇區政府主席時,特地頒布了《禁止纏足的訓令》。要求轄區廣大婦女剪髮、放胸、放足,從封建禮教對婦女身體的摧殘中解脫出來。在 1922 年湖南省第一次工人代表大會時,毛澤東特意提出《關於勞動婦女之決議案》,規定要特別保護勞動婦女的權益,使她們與男子有平等的待遇,各級工會要有女會員,工會一切會務要讓女會員參加等。1931 年,延安頒布了婚姻條例,在蘇區內實行婚姻自由,廢除一切包辦、強迫的買賣婚姻,禁止蓄帶童養媳和奴婢,實行一夫一妻,禁止一夫多妻等。女子「放足、放乳」也列入條例之中。

(十三) 郭沫若以詩頌乳

郭沫若(1892~1978)四川省樂山人。字鼎堂,號尚武。筆名沫若,現代詩人、劇作家、歷史學家、古文字學家。1914 年初到日本學醫,由於五四運動的衝擊,郭沫若懷著改造社會和振興民族的熱情,從事文學活動,於 1919 年開始發表新詩和小說。1920 年出版了與田漢、宗白華通信合集《三葉集》。1921 年出版詩集《女神》。

　　被田漢譽為「中國海涅」郭沫若,在創作他的第一部詩集《女神》的時候,還是一個風華正茂、才氣橫溢的熱血青年。他回憶自己當年進行自由體新詩創作時的情況時說:「一旦詩潮湧來,便忘情地在草地、操場上不停的

來回行走，轉著圈子踱步，甚至脫掉了鞋襪，躺在地上翻滾、用嘴親吻著土地，發出喃喃的囈語。」他在渾然忘我的精神狀態下，寫出了無數激動人心的詩句。《地球，我的母親》便是一首代表性的作品；

> ……地球，我的母親！
>
> 已往的我，只是個知識未開的嬰孩，
>
> 我只知道貪受著你的深恩，
>
> 我不知道你的深恩，不知道報答你的深恩。
>
> 地球，我的母親！
>
> 從今後我知道你的深恩，
>
> 我飲一杯水，
>
> 我知道那是你的乳，我的生命羹。……

他在詩中把地球比作母親，「水，便是母親的乳汁」，「我知道那是你的乳，我的生命羹」。評論家曾用弗洛伊德的「潛意識」解釋郭沫若的早期作品，稱其充滿狂熱的「戀母情結」，這一情結貫穿《女神》的始終。他的詩展示了「五四」青年的心靈震顫，展示了他們獨立於母體之外時的痛苦、掙扎、反叛、憧憬和創造。這種心靈的震顫，實質上就是新與舊，美與醜，明與暗，生與死、愛與恨的相互衝突，給時代青年造成的情感矛盾與生命裂變。惟有母親的乳汁給予他們生存的力量。郭沫若更在《維納斯》一詩中更寫出了驚人之句：

> 我把你這張愛嘴，
>
> 比成著一個酒杯。
>
> 喝不盡的葡萄美酒，
>
> 會使我時常沉醉。
>
> 我把你這對乳頭，
>
> 比成著兩座墳墓。
>
> 我們倆睡在墓中，
>
> 血液兒化成甘露！

在這首詩中，他用大膽的筆觸描寫了性愛，描寫了女人的乳房，淋漓盡致地表達了自己對男女之情的瘋狂愛戀。他用酒杯比喻情人的愛嘴，瘋狂的表達了詩人對愛情的癡迷、依戀和傾倒。他用女人的一對乳頭，比喻成兩座墳墓，欲「問世間情為何物，直教人生死時相許。」

此詩一出，震動了中外文壇，震動了文化界和各大學府的知識分子。無數男女熱血青年頌之無度，為之傾倒，為之膜拜，幾乎人人都在吟唱，人人都在傳播。尚在「談性色變」的民國初年，這首詩無疑對剛剛從封建脫胎而出的社會，給予了一記致命性和爆炸性的轟擊。細檢唐詩晉賦、宋百千元，如此大膽生猛地將女人的乳房、乳頭，活生生、鮮泠泠地直接寫入詩篇的只有郭沫若。郭沫若實是「鼓吹乳文化」的第一人！在他著述的文字和詩歌中，雖然沒有直接號召婦女「放乳」的記述。但是，他的《女神》、他的《維娜斯》，已把女人的乳房提到了詩境般的高度，他從另一種昇華的角度呼喚國人，要對女性肢體的解放予以高度的關注。

（十四）桑格夫人打破「性的堅冰」

1922 年 4 月 19 日下午四時，美國節制生育運動的發起人桑格夫人，應邀來到北京大學進行演講，她演講的題目是《什麼是生育制裁和怎樣生育制裁》。別開生面的選題，轟動了北大校園。

為了配合這次演講，校長蔡元培先生發布了《校長啟事》，號召學生們前來聽演，並且親自主持了這場講座。他安排了胡適先生擔任現場翻譯。是時，來到三院大禮堂裏聽講的人滿坑滿谷，四壁貼牆都站滿了人，窗臺、窗口上也都趴滿了人。聽眾之多，把禮堂的窗戶、桌椅都擠壞了不少，熱烈的程度空前絕後。

桑格夫人（1879～1966 年）是美國婦產科學者，家庭計劃生育的首倡者。她在青年時期曾在紐約市貧民區當產科護士，因目睹了貧民區婦女無節制的生育而導致產婦的高死亡率，有感於非意願懷孕的痛苦，於是投身於家庭計劃事業，並用畢生的精力推動避孕節育的實施。右圖為訪問中國期間與中國婦女節制協會會員的合影。

桑格夫人站在演講臺上，開宗明義地說：「人類生育制裁的問題，是新社會哲學中的一個中心問題，它不只是經濟上的問題，而是人類是精神和文化的要求的表徵。」她在講臺上高高地懸掛起男、女兩性生殖系統的掛圖，並且公開展示解剖兩性生殖系統的模型教具。她繪聲繪色地講解了人類性交的各種模式，以及人類節制生育的作用和意義。她條分縷析地介紹節制生育的內涵和方法，而且，還親自演示如何避孕，以及人工避孕的操作方式和方法。

桑格夫人說：目前人類避孕的方法主要有三種：第一種為斷欲或節欲法。第二種為斷種法。包括「用 X 光放射男女的生殖器，使精子變弱。或是施以外科手術施行絕育。第三種，則是用機械的方法，使男女使用的避孕工具和男性的性交終止法。

桑格夫人在大廳廣眾之前，如此直截了當地談論性交和節育問題，在中國文化史上是一場破天荒的事情，她使素以首善之區自居的北大學子們大開眼界，也給中國思想界以巨大的衝擊，引起巨大的轟動。這次演講的積極作用，至今不能低估。陳東原先生在《中國婦女生活史》一書中寫道：

> 中國社會彌漫著的「性」的玄秘的空氣，總算她第一個來打破的！中國從前何嘗有人把「性交」的事拿在大庭廣眾中演講的呢？她第一次的演講，除下了生育節制的種子外，還創造了一種好的態度，使中國人知道「性」的事情，原來還是值得用科學方法去討論的啊！

桑格夫人是美國節制生育運動的創始人和領導者，也是國際節制生育運動的領袖。她年輕的時候，在醫院學習護理課程，親眼目睹了一位女性因為採用不良的方法避孕，導致死亡的悲劇。於是下定決心，要用科學的方法，使婦女們從苦難中解放出來。她不負艱辛創辦了全美第一家節制生育診所，向社會廣為宣傳和指導「性」的知識。大家知道，一百年前美國的封建程度並不次於中國。她為此飽受非議和侮辱，多次被地方法院起訴，被關進監獄。但是，她矢志不渝，不屈不撓地與社會保守勢力抗爭。終於，使節制生育運動得到公眾的認同，並賦予合法化的肯定。這次，她到中國來進行巡迴演講，目的就是為了推動中國節制生育的社會實踐。

就在這次講演中，桑格夫人還仔細地講解了男人和女人的性徵，生殖器、子宮和乳房。她還特別強調女性的乳房，「有著溫暖的體香，綿軟如絲的肌膚和起伏優美的曲線。它是性愛的溫床，也是哺育人種的聖泉。」她在

講臺上，用手撫摸著女性乳房的模型，坦言不諱地指出：人們要保護乳房、珍惜乳房、愛護乳房，要愛護這些上帝賜與的器官，科學的使用這些器官，是上天賦予人類的神聖職責。

至此，一直被堅冰幽鎖的禁區被驀然打破，也為中國的「天乳運動」拉開了科學的序幕。

（十五）張競生著述《性史》

此時，驀地裏殺出了一位張競生，他是「中國性解放」和「天乳運動」的急先鋒。

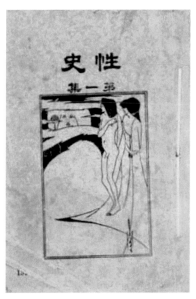

張競生先生於 1921 年～1926 年期間，任北大哲學教授。1926 年公開出版《性史第一集》，遭報紙雜誌聲討。1927 年在上海開辦「美的書店」。其時，書商大肆翻印《性史第一集》，同時以張競生的名義拋出各種《性史》續集，內容淫穢不堪，張因之名聲掃地，成為眾矢之的。

張競生生於 1888 年，係廣東省潮州市饒平縣的一個鄉紳的兒子。原名公然，求學時，因受到達爾文和赫胥黎「物競天擇，適者生存」的思想影響，毅然改名叫「競生」。他是國民政府首批公派留學生，1912 年赴法留學，先後獲得文學學士學位和里昂大學哲學博士學位。1920 年回國，受北大校長蔡元培之聘，出任北大哲學教授。在桑格夫人到北大演講的時候，他是坐在主席臺上的「主陪教授」之一。

　　張競生在法國留學期間，深受西方科學思想影響，對國人在封建禮教的蒙蔽下，對於性和生殖的愚昧無知深感焦慮，而且為我國的貧窮和人口的激增而扼腕。他回國後的第一件事，就是上書廣東省省長陳炯明，要求對在校學生進行生理衛生教育，對農村人口要提倡避孕節育。結果，被多妻多子的陳炯明斥之為「神經病」，逐出門外。

　　後來，他應蔡元培先生之邀，出任北大教授。他下車伊始做的第一件事，便在學校專門開設了「性心理和愛情」問題的講座。他把講義《美的人生觀》印成小冊子在校內廣為散發。並且，在北大國學門成立的「風俗調查會」上，提出要開展對中國人的「性史」調查。在他看來，「人生哲學，孰有重大過於性學？而民族學、風俗學等，又處處與性學有關」。

　　桑格夫人的精彩演說，更加振奮了張競生的思緒，使他感到自己「真理在握，其道不孤」。於是，採用了「語不驚人死不休」的精神，不顧中國源遠流長的社會傳統，也無視「禮義廉恥」的封建道德，公開向習慣勢力宣戰。他在學院、講堂、校刊和報紙上，滔滔不絕地大談男女「性事」，連篇累牘地發表了頗為超前的「愛情四定則」。並且，連續出版了《美的人生觀》和《性史》等著作。當時，他發表的每一篇文章，每一篇立論，都像一顆重磅炸彈，把人們炸得驚慌失措，使社會為之愕然。他說：

　　　　性猶如水。人怕沉溺，就應該瞭解水的原理並學會游泳。性的知識以及性生活的實行，不僅關係到每個人的一生，而且關係到整個社會的生存和發展。

他還說：

　　　　新男性應該具有碩大的鼻子，濃密的鬍鬚，寬闊的肩膀，強健的肌肉，新女性則應該具有高聳的鼻樑，紅潤的臉頰，豐滿的乳房，肥胖的臀部，粗壯的大腿以及發達的性器官——所有這些，都是性交過程中，性趣衝動達到最高潮的產物。

他在《第三種水與卵珠及生機的電和優生的關係》一文中則指出：

　　　　女子在性交時能射出第三種水（第一種為尿液，第二種為性興奮陰道分泌物）如同男性射精一樣，有些女子可射二尺多遠，但一般要在性交達 20 分鐘之後，而且性交體位要不斷變化，又須女子主動，男性對女性身體各處要不斷吮撚，撥弄等才能達到。

　　這些驚世駭俗之論，既可謂之「淫穢」，又可稱為「科學」，只是語出狂

悖，過分超前了。魯迅當年斷言：「至於張競生的偉論，我也很佩服，我若作文也許這樣說的。但事實怕很難……，張競生的主張要實現，大約當在 25 世紀」（引自魯迅《兩地書》）。

同樣，張競生對女子束胸問題也提出質疑，他在《大奶的復興》一文中說：

> 女人把美的奶部用內窄衣壓束到平胸才為美麗！這樣使女人變為男人，而使男人不會看見她的奶部而發生衝動，雖說這是禮教的成功，但其結果的惡劣則不堪言說的。這不但是醜的，而且極不衛生。女人因此不能正常的進行肺腹呼吸，多罹肺癆而死亡。再者，壓迫雙乳者常缺奶汁餵養自己所生的子女，其影響於種族甚大！

他指出，束胸是與封建禮教男權至上的舊意識有關，和纏足一樣是對婦女極不人道的變態虐待行為，既摧殘女性健康，踐踏心靈，壓抑美態，更與優生優育不利。因而，強烈呼籲政府立法禁止女人束胸束乳，尤其對女學生更應嚴加禁止。他在《新文化》第三期發表的《一串極重要的問題》一文中，大聲疾呼「大奶提倡，反對束胸」！此論刊出後，真是語驚四座，一片譁然。

（十六）楊蔭榆反對女子放乳

楊蔭榆 1884 年出生於江蘇無錫，小名申官，無錫北門外長安橋人。1907 年她官費留學日本。1918 赴美國留學，獲教育學碩士學位。1924 年 2 月她被任命為國立北京女子師範大學校長。抗日戰爭期間，因保護被辱婦女，被日軍殺害。

　　張競生的這些言論，不僅保守派的男人為之愕然，就是激進的新女性也為之憤怒。中國第一位女教育家、國立北京女子師範大學校長楊蔭榆女士，對此就頗有異義，她十分感慨地說：

　　　　余投身婦女運動不可謂不久，對婦女之疾苦知之不可謂不深，爭取婦女人格之獨立、與男性平權平等，求學、就業，婚姻、生活均需奮鬥，勢在必為。然殊不知婦女運動與自身肢體及個人隱私有何關聯？胸，束與不束；髮，剪之不剪；外出是著裙，還是著褲，皆為女子之個人自由，何期輿論之左右！

　　楊蔭榆，出生於江蘇無錫的一家書香門第，（她是現代作家楊絳女士的三姑母）。1907 年，以優異的考試成績獲公費日本留學，進入東京高等師範學校學習。畢業回國後，出任北京女子師範學監。1918 年，再度赴美留學，獲哥倫比亞大學教育學碩士學位。1922 年，北洋政府教育部將其召至北京，出任國立北京女子師範大學校長。

　　青年時代的楊蔭榆敢於反抗封建制度，抗婚求學，對社會的不公與黑暗充滿了戰鬥精神，勇於挑戰權威，不怕壓制，是一位革命的新女性。1938 年 1 月 1 日，她為了保護婦女不被蹂躪，而遭日軍殺害。應該說，她是一位愛國的志士仁人。

　　她一生矢志教育事業，為此終身不嫁。但是，由於她的治學理念深受西方教育影響，一味強調秩序和學風，不能與時俱進，不顧及時代的變化。她從來不提倡女生過問政治，不允許她們接觸社會。堅持貫徹「兩耳不聞窗外事，一心只讀聖賢書」。因此，她不提倡女學生和女教員們放乳，不同意解除胸禁，自是「理所當然」之事。她曾在一篇文章中強調：「竊念好教育為國民之母，本校則是國民之母之母」。所以，她被自己的學生譏諷為「國民之母之母之婆」。而被魯迅貶為「寡婦教育」。

　　在那個保守的年代，解除束胸的號召大有觸犯眾怒之勢。一時間，報紙和雜誌對張競生口誅筆伐的大有人在。不少報刊為此獨僻專欄，為女子束胸問題展開討論。社會聞人梁啟超先生、康有為的女兒康同璧女士、李鴻章之女「無為老人」等，對此也大不以為然。而且十分贊同楊蔭瑜校長的觀點，堅決反對女子放乳。

　　據說，「東北王」張作霖在聽到張競生發表的宏論之時，就拍桌子瞪眼、怒不可遏，張口便罵：「他媽了個巴子，老子進京後，一定要把這個傷風敗

俗的傢伙拉出去槍斃！」

　　面對這些爭執，有些人提出了一種折衷的改良方法。北京《晨報副刊》上刊登有一篇署名安琪生的文章，他耐著心性地說：

　　　　兩乳凸出來未必不美觀，況且何人沒有呢？不過中國人暫時辦

　　不到，改良方法就是：先把上衣作寬大，因衣服寬大，兩乳就不凸

　　出，這是個簡簡單單的法子。

（十七）周作人打倒「板鴨胸」

周作人（1885～1967）原名櫆壽，是魯迅之弟，周建人之兄。浙江紹興人。中國現代著名散文家、文學理論家、思想家，中國民俗學開拓人，新文化運動的傑出代表。

　　對於這些保守的觀點，自謂「文抄公」的周作人教授看之不恭，他拍案而起，積極加入論戰的行列。他對張競生的「狂語」並不全部贊成，曾說過：

　　　　假如我的子女在看這些書，我恐怕也要干涉，不過我只想替他

　　們指出這些書中的缺點或錯謬，引導他們去讀更精確的關於性知識

　　的書籍，未必失色發抖，一把奪去淫書，再加幾個暴栗在頭上。

　　但是，周作人對婦女「解除束胸」的呼籲是鼓掌歡呼，全力贊成的。他在《一般》雜誌上撰文，心甘情願地要作廢除「束胸」的後援軍。他在文中發問：

在這樣性的敏感的社會，女子束胸束得畸形，扁平的如同金陵
的板鴨一樣，何美之有？張競生的著作上所最可佩服的是他的大
膽，在中國這病理的道學社會裏，高揭美的衣食住以至娛樂的旗幟，
大聲叱咤，這是何等痛快的事。（上海《一般》雜誌 1926 年 9 月號
周建人《關於性史的幾句話》）

為此，他大聲地疾呼：「堅決打倒『板鴨胸』！甘作後援軍！」

周作人原名周櫆壽，號知堂，浙江紹興人，是魯迅先生的親弟弟，中國
現代著名散文家、思想家，中國民俗學開拓者，新文化運動的傑出代表。他
在總結自己四十年來為文的思想時說：「大致由草木蟲魚窺知人類之事，未敢
云嘉孺子而哀婦人，亦嘗用心於此。」他對中國女性問題的關注與思考，貫
穿了周作人的一生，並由此形成獨特的「婦女解放觀」。他竭力主張婦女在經
濟、思想、性愛、肢體等各方面的解放，其啟蒙和進步的作用貢獻巨大，時人
譽之為「中國第一個女權主義的宣導者」。

同樣，他在女性「放不放乳」的這一場大論戰中，周作人用形象的語言，
活潑的文章，連篇累牘地在《新青年》雜誌，在諸多報紙期刊上撰文立挺，不
畏譏諷，直抒己見。他的這方面的著述，無論從思想性和對話性方面，都曾
起過高屋建瓴的帥旗作用。筆者怕離題太遠，這裡就不做深談了。

彼時，留日才子張資平先生也毅然站在周作人的立場上，用「日本女子
與中國女子之種種不同」的比較，來聲援張競生的立論。他說：

日本女子的態度、舉動似乎都受過專門的人工訓練，在體格上
極力保持著她們的自然美，這點和中國女子相反。中國的先鋒女子
在處世的態度、舉動方面，過於激進，幾乎失掉了女性所必需的『淑』
的基本條件。而對於自身身體則嚴加束縛，如用束胸之法，禁止乳
房的自然發展，不僅傷及自身，還將遺患後代。

（十八）胡適鼓吹「大奶奶主義」

胡適先生是十分驚歎桑格夫人非凡的膽識和精彩的演說才能，更全力支
持桑格夫人的演說內容。他曾以《新女性》為題寫了一首自由詩來讚頌桑格：

頭上金絲髮，一根都不留。

無非爭口氣，不是出風頭。

生育當裁制，家庭要自由。

頭銜「新女性」，別樣也風流。

其時，胡適先生剛從歐洲遊歷歸國，對女子放乳問題的爭論，便義無反顧地儕身其中，給予了高度關注和支持。他在著名的上海中西女塾學生畢業典禮上發表講演，全力主張女子放胸、放乳，並且，當眾提出了著名的「大奶奶主義」。他在大禮堂上反覆解說了女子解放胸乳的利害關係。強調：

中國現在的女學生如不解放乳部，將來都不配做母親，是種族上一個很大的問題。如果沒有健康的大奶奶，將來就哺育不出健康的兒童！

此論一經見報，支持的也好，反對的也好，均把「大奶奶主義」當我最新奇的術語，廣泛地引用起來。胡適對此也哭笑不得，只好任憑大家濫用。他說：

如果人們將此主義當成譏諷，本人並不認為幽默好笑；我反到認為那些反對者是很可笑的。因為，健康的女子必須要有一對健康的乳房，拋棄束胸，解放乳房是早晚必行之事。

胡適在 1922 年與中西女學的部分學員合影。他在演講中聲明；健康的女子必須要有一對健康的乳房，拋棄束胸，解放乳房是早晚必行之事。

文化界積極支持胡適先生「大奶奶主義」的大有人在，如「鴛鴦蝴蝶派」的才子徐卓呆就是其中之一。他說「大奶奶」可使小孩子吮吸到更多的健康乳汁，有利於兒童的成長，「奶奶」的大小，是可以影響到全民族的興亡。呆人呆語真是令人絕倒。「新月派」的郭沫若，戲劇界的洪深、田漢，教育界的潘光旦，畫家劉海粟等人也都紛紛撰文相助，一時女子「放乳」的呼聲

大振。

　　作家茅盾更是不堪寂寞，他以筆為槍，策馬相助。他在著名的小說《蝕》的三部曲裏，大肆描繪女主角們的「豐乳」，無論是在品質上還是在頻率上，都是對「大奶奶主義」的一種有力的策應。翻開茅盾那一時期的小說，你會發現不時有肥大的、高聳的「乳房」在字裏行間顫動，放射著震憾人心的力量。《子夜》的開篇寫吳老太爺初來上海，便遭到「乳房」的強烈轟擊：

　　　　在幾位太太和小姐的包圍下，老太爺神智完全昏迷，只感到
　　那些五顏六色的身體「都在那裡瘋狂地跳，跳！她們身上的輕綃
　　掩不住全身肌肉的輪廓，高聳的乳峰，嫩紅的乳頭，腋下的細毛！
　　無數的高聳的乳峰，顫動著，顫動著的乳峰，在滿屋子裏飛舞了！

　　這些顫動著飛舞著的乳房，像亂箭一般射到老太爺的胸前，堆積起來，彷彿有著千斤的重量，終於讓他血壓上升，一命嗚呼了。

（十九）西方電影炫耀豪乳

　　民國初期外國電影進入了中國。廣州、上海、武漢、北京、天津相繼出現了許多商業電影院。看電影逐漸成了市民的一種娛樂形式。早在「默片」時代，上海就已經成為一座巨大的電影消費城，數不清的大大小小電影院擁擠在熱鬧的南京路、淮海路、西藏路和福州路上。「看電影」是上海每一個成員，不論男女、不論長幼的一種最熱衷的消遣方式。電影院的十幾萬個座位，終日坐滿了熱情的男女，他們隨著銀幕上的故事發展，時而狂笑、時而落淚，時而感歎，時而唏噓。他們瘋狂地羨慕著銀幕上的紅星，在評論她們演技的同時，也評論著她們的容妝體態和她們的衣著服飾。

　　早期的西方電影，不管是幕前幕後都以男性為樑柱的，女性只是陪襯；這些陪襯性的角色又往往是依人小鳥、柔弱無能、被輕賤、被污辱、被損害的。女人的功能就是充當男性的玩具。她們在銀幕上，是以花容月貌、乳波臀浪來滿足電影院裏男性觀眾的意淫願望。這段時間的歐美電影，出人頭地的女演員多半擁有一對豪乳。例如，麗蓮·吉許，格洛麗亞·史璜遜，凱瑟琳·赫本，貝蒂·戴維斯，格麗泰·嘉寶，瑪麗琳·迪特里希等，這些光輝耀眼的紅星，都是當時令男人垂涎、令女人稱羨的美胸尤物。

　　這些來自歐美的紅星，除了把西方的故事，西方的文明和審美帶進了中國，同時把「豪乳文化」也帶進了中國。她們豐滿的、充滿性感的乳房，強烈

地刺激著中國觀眾們的眼球，強烈地刺激男性觀眾的下意識，也強烈地刺激著女性觀眾的自尊心。

我國最早登上銀幕的女演員嚴珊珊和林楚楚，她們以《莊子試妻》和《聊齋》故事改編的《胭脂》而名噪一時，但從票房收益方面比較，則遠遜於西方的任何一部默片，有的僅能收回製作成本。有一回，導演黎楚民喝醉了酒，自艾自怨地同小報記者說：「真沒辦法。我們跟他們（指西方電影中的女演員）沒有辦法比。我們沒有這些大洋馬的體形，也沒有牝牛般的肥乳，即不能脫，又不能放。沒有資本，怎麼辦？總不能中國戲，請外國人唱吧！」後來，這些話被小報披露了出來，被中國影評家們罵了個狗血噴頭。

當時中國電影界的女星們均在束乳，乳房偏小是不爭的事實，在巨大的電影銀幕上的確與洋美人遜色一頭。她們在口頭上個個自詡具有「東方之美」，而私下裏大都為自己的乳房扁小而自慚形穢。為了改變自己的銀幕形象，她們開始在胸前的小衣裏偷偷地填入了棉花球，東施效顰，瓜戴桃姜。

早在「默片」時代，上海就已經成為一座巨大的電影消費城，數不清的大大小小電影院擁擠在熱鬧的南京路、淮海路、西藏路和福州路。「看電影」是上海每一個成員，不論男女、不論長幼的一種最熱衷的消遣。十幾萬個座位終日坐滿了熱情的男女，他們隨著銀幕上的故事發展，時而狂笑、時而落淚，時而感歎，時而唏噓。他們瘋狂地羨慕著銀幕上的紅星，在評論她們演技的同時，也評論著她們的容妝體態和她們的衣著服飾。

（二十）「三八」婦女節裸體遊行

在社會輿論關注女性乳房「禁」和「放」的激烈爭論相峙不下的局勢下，1927 年「三八」婦女節這一天，武漢發生了又一件舉國震驚的「女子裸體遊行」事件，再次激發了全民對女性「放乳」問題的關注。

據報導，這一天春光明媚，東風和煦，武漢三鎮的居民數萬人擁到市中心的廣場，爭看市政府為紀念「三八」國際婦女節，舉辦有二十萬軍民參加的大遊行。當武漢國民政府黨政要員、女界領袖及觀禮代表登上主席臺的時候，隊伍中忽然出現了十八名赤身裸體的女子，在光天化日之下大搖大擺地走上街頭。她們手擎國旗和鮮花，一路呼喊：「打倒軍閥！打倒列強！中國婦女解放萬歲！」等口號，充滿自信和炫耀地招搖過市。這樣的場面時人前所未見，圍觀的人群紛紛前擁爭睹，使得遊行隊伍一片混亂。當時，《時代》雜誌在報導這件事時寫道：

> 走在前排的，手舉竹竿撐起的標語牌，除了架在鼻子上的大眼鏡外，渾身上下一絲不掛，其餘的也都赤身裸體。標語牌上寫著：自己解放自己！我們丟掉的是基督教的恥辱，而贏得了自由。把中國從基督教列強手中解放出來！當時，遊行的隊伍有些混亂，但這些裸體的婦女卻顧不得街上眾目睽睽，依然隨著隊伍前進，邊振臂高呼：打倒軍閥！中國婦女解放萬歲！

1927 年「三八」國際婦女節，上海、南京，武漢都舉行了盛大的遊行活動。時代新女性們一隊隊高呼著婦女解放的口號，昂首闊步地走在遊行隊伍中，引起中外觀眾駐足歡呼，給予強烈的支持。

　　次日出版的《國民日報》記者披露：這十八名裸女是當時紅極一時的花魁女金雅玉和她所帶領的女友們。當記者採訪她們為什麼要裸體遊行時，金雅玉說：

> 　　自從國民革命軍北伐以來，婦女解放運動迅速發展，很多的女人都出來工作，當女兵，當護士，當秘書、當職員、當教員、當女招待，都在革命。這一切，觸發了我們也要參加革命的願望。但是，由於我們姐妹們的身份，不但被拒之門外，還常遭受到懷疑和白眼。我們也不是自願進入花界的。我們也是受壓迫，受污辱的。我們也要和男人一樣，平等、平權，要民主，要自由。我們要打碎纏在我們身上的封建枷鎖。要放腳，要放胸，做自由人，不當男人的玩物。因為今天是新的社會，我們便不再藏藏躲躲，不再遮遮掩掩，不再為自己的軀體害羞！我們要自己解放自己！也要喚起全國婦女的覺醒！

　　當時《國民日報》的追蹤報導這件事情的起因是，武漢大學有一位激進青年名叫黃震龍，他是一位力挺婦女解放的演說家。他曾參加很多進步社團，宣傳「中國人要解放，婦女必須先解放。中國人要自由，婦女必先自由」的道理。他還在報刊上多次發表文章，支持張競生的性愛觀，支持周作人先生打倒「板鴨胸」，支持胡適先生的「大奶奶主義」。黃震龍是個富家子弟，也是個紈褲青年，平時與花界素有往來，熟人亦多。他的演說極富鼓動性，很多年輕的姑娘對他講的道理深信不疑。在他的游說和策劃下，花界女子便以「裸體遊行」的方式，來表達婦女解放的強烈訴求。

　　金雅玉的舉動頗具代表性，很多激進女性認為，裸體遊行是婦女解放「最革命」的行動。此後，行為激進的婦女要以裸體奉獻革命的事例層出不窮。例如3月28日，在武漢蛇山南麓的閱馬場舉行的一次婦女集會上，婦女協會宣傳組成員顧靈芝女士登臺高聲演講：「要堅決放腳，要堅決剪髮，還要堅決反對束胸！束胸是最不人道主義的！束胸是一條毒蛇！」說到激動處，她脫掉上衣，雙手托著豐滿的乳房說：「你們看，這就是真正的解放。」五月份，「激進之都」長沙市也出現過女子裸體上街宣傳革命的事情。

　　這類婦女「裸體遊行」的事件，雖為一時風波，但經許多報刊的宣傳報導，再度引起全國輿論界的大爭論。支持者稱之為女界革命的「無私的義舉」，反對者則斥之為，「難以理論的傷風敗俗」！

其中的是是非非，見仁見智，各有其論。但這件事恰恰說明，此時，國民思想的開放程度已今非昔比，再也不是封閉自鎖的狀況了。人們對「人體美」的追求和認識，以及女性對自身身體的解放的意識，已達到了一種新的境地。隨著「放乳」的呼聲日俱聲勢，則進一步撕開了禁區的冰山一角。

（二一）朱家驊勇提《禁革議案》

關於女性乳房的問題一提出，便起著震聾發聵的作用。從 1926 年起，舉國上下、街談巷議，幾乎都是「乳房」問題。朝野人士盡都參與其間，幾乎行成一股思潮，迫使國民政府對這一問題要明確表態。民國先哲朱家驊先生在「乳房解放」運動中高屋建瓴，起到為民請命的作用。

北伐的節節勝利，給「革命之都」廣州增添了更大的熱情和活力。國民革命軍總參謀長李濟深負責後方留守司令部，坐鎮廣東，朱家驊出任北伐軍後方留守司令部黨部負責人。他在處理軍國大事的同時，以極大的熱忱支持一切新生事物。

朱家驊在國外留學期間的經歷和對婦女運動的考察，深知女子肢體解放是婦女運動的一個重要組成部分。他全力支持「千年的陋習必須打破，女子束胸必須解除」的呼聲。面對強大的保守勢力的抵抗，他認為革命政府在這時必須施以援手，要用行政手段進行推動。於是，他在 1927 年 7 月初，向國民黨廣東省政府委員會第 33 次會議的全體委員，遞交了一份《禁止婦女束胸的提案》，籲請廣東省政府委員會在政務會議上進行討論。《提案》明確地寫道：

> 查吾國女界其摧殘身體之陋習有三：一曰纏足，二曰束胸。此等不良習慣，實女界終身之害，束胸會對女性有三個方面的妨害：一是束胸於心肺之舒展、胃部之消化，均有妨害，阻礙身體發育不說，還會誘發肺病，從而縮短生命。二是婦女胸受縛束，影響血運呼吸，身體因而衰弱，會影響生育，更會影響胎兒發育。三是乳房既被壓迫，及為母時乳汁缺乏，不足以哺育胎兒，最終會讓後代變得羸弱不堪。……應傚仿歐美各國女子，以豐滿隆起為衛生美觀，……建議所有全省女子一律禁止束胸。……由粵省而推行全國。

7 月 6 日廣州《國民新聞》以《朱家驊提倡「天乳」》的大字標題，全文刊登了這一提案，在社會上引起強烈反響。廣州和廣州以外的工、農、兵、

學、商，全都關注這第次政務會對此《提案》的表決結果。

朱家驊先生，字騮先、湘麐，浙江湖州人，中國教育界、學術界的泰斗、外交界的耆宿，中國現代化的先驅。北伐時期任留守司令部負責人。他深知女子肢體解放是婦女運動的一部分，女子束胸必須解除。於是，向國民黨廣東省政府委員會全體委員，遞交了《禁止婦女束胸的提案》，1927 年 7 月 7 日一致通過了《禁革婦女束胸》的法規，推動了婦女肢體解放。

　　1927 年 7 月 7 日在廣東省政府的議事大廳中，四十多位政府要員面對《禁止婦女束胸的提案》爭論不休，有人贊同，有人反對。持反對意見的人說：「目前正值北伐，前方爭戰，百事有待處理。禁止女人束胸乃區區小事，何故政府介入，實乃小題大做！」更有人對此案不屑一顧，一言不發。看看就要冷場，朱家驊便站起身來，發表了一通感人至深的講話，他說：

　　　　諸位委員，我想在這裡談一點個人隱私，我本人從小是吃乳娘的奶水長大的。我的乳娘姓孫，她是個鄉下人。是我剛一呱呱落地的時候就受雇來到我家。她從小抱著我吃，哄著我玩，摟著我睡。我吃她的奶水長大，到我讀書上學，一直把她當作母親敬重，有時，反而生疏了自己的親生母親。因為我從來沒有吃過自己母親的奶。這不是母親不想給我奶吃，而是她身體很虛弱，根本沒有奶水來餵養自己的孩子。長大之後才知道，舊日的禮教，從小就約束著母親們的成長，要她們束胸，要她們裹腳，不讓她們蹦跳，不讓她們自由活動，不讓她們健康成長。對平民之家的女孩如此，對於藏在深閨的大家閨秀更是殘酷，更是無理。我想，在座諸君孩提時代

的生活，恐怕大多與我一樣，也是吃乳娘的奶長大的吧？如果沒有乳娘，沒有乳娘的哺餵，恐怕也沒有我們今日健康的身體。也不可能投身到今日的革命和建設中來。……我們吃了乳娘的奶，那麼，乳娘的親生兒女吃什麼呢？他們吃的是豆漿、是米水、是麵糊糊。所以，他們長大之後，身體就更加瘦弱。如果全國有一半孩子吃不到健康的母乳，全國便有一半青年成了病夫！他們不能耕田，不能做工，更不能槍打仗！更不能參加北伐！窮其根源，在於封建禮教的加害，在於婦女的束胸！時代在進步，陳規舊俗要打破，中國婦女也要解放！解放之始，應從解放身體做起！戊戌變法時，政府已明令婦女放足，而今進入了民國，明知束胸之害，何不明令禁革束胸？儘管舊俗緊固，守舊的民眾不解，政府有責任給予推動。……有感於此，兄弟為民請命，提此議案，懇請議決。

四、乳的解放（民國 1927.7.8～）

（一）國民革命政府立法解放乳房

朱家驊的這番言詞，深深地打動了在座的議員，人們站了起來，報以熱烈的鼓掌。總參謀長李濟深先生站了起來，他笑著說：「驊先君所言深刻，在座同仁多出名門大戶，即使食過母乳，也多受過乳娘的提帶。乳，對於小孩的成長是不可或缺的。新社會要保障婦幼健康。我雙手支持驊先君的提案，禁革婦女束胸。」

李濟深的表態一言九鼎。大會以 32 票的壓倒多數通過了《禁革婦女束胸》的決議案。翌日，在廣州《民國日報》刊登了這篇以朱家驊《提案》為基礎略作修改的《政府文告》，全文如下：

> 查吾國女界其摧殘身體之陋習有二，一曰纏足，纏足之痛苦，二十年前經各界之痛陳，政府之嚴禁，業已解除，現粵省三十歲婦女，已無受此縛束者，惟間接感受之痛苦，比纏足為甚者，厥為束胸，蓋纏足陋不過步履不便，其痛苦只及於足部，若束胸則於心肺部之舒展，胃部之消化，均有妨害，輕則阻礙身體之發育，易致屍羸，重則釀成肺病之纏綿，促折壽算，此等不良習慣，實女界終身之害，況婦女胸受縛束，影響血運呼吸，身體因而衰弱，胎兒先蒙其影響，且乳房既被壓迫，及為母時，乳汁缺乏，又不足以供哺育，母體愈羸，遺胎愈弱，實由束胸所致。（見一九二七年七月八日廣州《國民新聞》）

《文告》在歷數了女子束胸的種種危害之後，以政府的名義發表嚴正申

明，並提出違者懲罰條例：

> 自布告日起，限三個月內，所有全省女子，一律禁止束胸，並
> 通行本省各婦女機關及各縣長設法宣傳，務期依限禁絕。倘逾限仍
> 束胸，一經查確，即處以五十元以上之罰金，如犯者年在二十歲以
> 下，則罰其家長，庶幾互相警惕，協力剷除，使此種不良習慣，永
> 無存在之餘地，將來由粵省而推行全國，不特為我女界同胞之幸福，
> 實所以以先總理民族主義之精神，以強吾種與強吾國也！

這種以立法的形式「限三個月內，全省女子一律禁止束胸」的決議，真是快刀斬亂麻，使鬧騰了數年之久的懸案，得以最終的解決。這一公告對婦女身心解放功莫大焉。在近代中國婦女運動史上，人們公認的兩個重要的實際推動者：一個是馮玉祥，他對河南女人小腳的解放做了許多細緻的工作，可謂用心最苦；另一個，就是為婦女解除束胸之苦的朱家驊。

上圖為 1927 年 7 月出版的《民國日報》關於政府立法推行「束胸禁革」的新聞報導。文載「躋民族生命於康強，市政府昨飭屬遵照」等語。

這項決議一經見報，全國各地報章紛紛轉載，如晴天鳴雷，震撼大地，南北大小都會的民眾反響強烈。當時正為北伐之中，廣東革命政府被視為中

國的大救星，廣州作為革命策源地和貫徹「三民主義模範」之地，同時肩負著移風易俗的社會改革責任。廣州發起的這一禁令，便在全國掀起了一場轟轟烈烈的「天乳運動」。「天乳」二字作為一個既新鮮又革命的新名詞，瞬間響徹大江南北。

為了配合《禁革婦女束胸》決議案的貫徹實施，《民國日報》大造輿論，發行了《風俗改革週刊》，目的在於要徹底改革國民之不良風俗。社論認為：

> 革命的目的，不僅在打倒有形的軍閥和一切反動勢力，尤其在根本上要剷除孕育反動勢力的根株———一切舊思想、舊習慣及迷信，然後，破壞舊的勢力才能徹底，革命建設才能完成。

革命政府委員會委員劉禹輪發表了《為提倡天乳運動告革命婦女》書，文中痛陳婦女束胸之害。他說：

> 乳腺因胸部束縛，必然減少許多乳液的分泌。這樣一來，不但影響於婦女本身生理上的健康，並且影響到中華民族母性的健全。許多中國的新生———未來的國民，為了他的母親體格欠佳，乳液過少，先天和後天，都將受很大的妨礙．這實是民族很大的危機！

最後，他向革命的婦女們誠懇地提出：「今後婦女解放運動，須先要從自身的乳房解放做起！」

此法案通過後，首先在廣東省各個女校施行。女老師、女學生從即日起，必須放乳。後來，為了加速推進這一命令的執行，政府又成立了「天乳運動執行委員會」，並發表了《天乳運動執行委員會六言昭示》，申明：「婦女胸部解放，本奉命令始然」。廣東省的天乳運動一經點燃，全中國各省紛紛回應，1928 年，內政部發佈了公函，全力支持這一運動。稱：

> 婦女束胸實屬一種惡習，不但有害個人衛生，且與種族優勝有損。亟應查禁，以重衛生。

> 而民族新生命可自躋康強矣等語。查婦女纏足、束腰、穿耳、束胸諸惡習，既傷身體、復礙衛生，弱種弱國，貽害無窮。

（二）《束胸遺恨》掀起放乳高潮

彼時，走在爭取女權前列的廣州廣惠女子學堂的女生們，自編自演了一出時裝新劇名叫《束胸遺恨》。故事描寫一位大家閨秀，從小受著封建禮教的桎梏，以平胸為美。年未豆蔻，就被家長以帛緊束雙乳，令之苦不堪言。

及至成年，該女便身患癆疾，生活幾乎不能自理。醫生反覆勸解她，病因在胸，應當馬上解除束胸，方能自保。奈何，家長、族眾的重重阻遏，父母的嚴命難違，且又自身懦弱，以至三次放乳，又三次重縛胸巾。最終，病入膏肓，無藥可醫。至使婚姻不成，愛侶遠去。她在病榻輾轉之際，才明白了至病的原因，皆由束胸所害。及至命丫鬟為其再次解除束胸之時，她已經氣如游絲、命懸一線了。一曲哀歌未竟，人已香消玉殞。

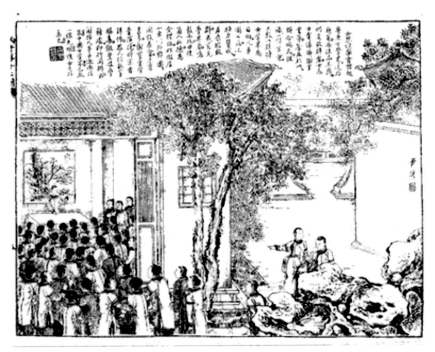

以「女學界新事」為題的時事畫報，報導1906年廣州的「女界保學會」發起的情形。反映了當時的革命中心的廣州，女子解放運動的蓬勃發展。女子放乳的政令，獲得女學生積極回應和擁護。（廣東美術館藏圖）

據當年出版的《警世報》報導，這齣戲每每演至此處，臺上臺下哭成一片。「有未及終場之女士，便早已下定決心，即刻解除束胸，回歸天然。」這齣戲的形式雖有「舊瓶裝新酒」的俗套之嫌，但是，它的內容與時尚相呼應，在學生、婦女中間影響頗大。廣惠女子學堂為之名噪一時，該劇被廣州市各個院校相邀，四處巡演。並在演出後，召開座談會，痛陳束胸之害，盛讚放乳之好，甚是激動人心。不少女生看過戲後，第二天便解去胸衣，精神面目煥然一新。這齣戲一月之間竟演出三十六場之多。看劇的觀眾達一萬多人。

廣州其它女校也紛紛學習排演此劇，對呼籲婦女解除束胸，起到積極的推動作用。該劇經報紙宣傳，在上海、南京等都會城市，很快就有專業劇團移植上演，觀眾滿坑滿谷，婦孺盡知。《束胸遺恨》這齣戲為「天乳運動」大造聲勢，影響之大，匪夷所思。

廣州推行的天乳運動，雖由政府強制施行，傳媒大力造勢，甚至過度渲染，有力地推動了中國女性解放運動。大城市中的女學生、新女性紛紛帶頭脫去了胸衣、小馬甲，挺起胸膛，昂然上街，社會呈現出一片欣欣向榮的新氣象。

（三）「天乳運動」風起雲湧

政府宣導「天乳」，反對束胸，對於不執行放乳政策的人要進行罰款。對二十歲以下還在束胸的違反者，政府除罰款之外，還將追究其父母的責任。廣州市的一些女校的學生會和社會上的婦女組織，諸如「婦女聯合會」、「女子衛生保健會」等，還都自發地組織起「禁革執法隊」、「易俗檢查隊」等，上街下鄉，登門入戶說教宣傳、檢查女子放乳的情況。為貫徹此舉，市政府還特別徵招了二十名女警察，揭開了中國女警察的歷史第一章。她們經過嚴格的培訓以後，走上街頭執法。她們在了執勤過程中，凡遇到不放乳的女子，當即處罰。還要知會家長，配合執法。這一招還真起作用。作家文白先生在《追逐的狂潮》一書中，曾講了名門閨秀衛清芬女士的故事。他說：

> 衛清芬出嫁之前的束胸，是由她的母親監督施行的。每天都要檢查她穿沒穿小馬甲，穿得緊還是不緊。不緊，媽媽還要親手再縫一縫上邊密密麻麻的紐扣。衛清芬出嫁以後，監督衛清芬束胸的事，就落到了她的丈夫身上。因為衛清芬的公公是個「老封建」，對媳婦的束胸一事管得特別嚴。他不停地叮囑他的兒子，說衛清芬可以上學，可以交友、可以社交，但是，絕對不允許她追逐時髦，失態放胸。
>
> 國民政府發佈了《禁革婦女束胸》公告以後，衛清芬女士高興之極，她大著膽子解除了束胸，扔了束胸帶子。（因為那個時候還沒有胸罩，要麼束胸，要麼就光著身子穿一件衣裳），所以胸部十分搶眼。剛好被公公看到了，公公立馬將衛清芬的丈夫叫到正房裏來，

惡狠狠地訓了他一頓。聲音之大，分明故意說與衛清芬聽見。

因為公公的反對，衛清芬女士才放了幾天的乳，便又束了起來。結果，有一天上街的時候，被女警察檢查到，說她故意違反政府法令，罰款 50 塊大洋。夫妻倆將罰款條拿給公公看時，公公嘴還很硬，說：「罰就罰，我還出不起這錢？」同時，叫兒子不要讓媳婦再上街，惹人眼睛了。然而，躲是躲不過去的，某一天，一個婦女組織上門來檢查，發現衛女士還束著胸，於是又罰款 50 塊大洋。這一下老公公心疼起錢來了，嘴上不說，可此後再也不過問衛女士束胸不束胸的事了。

茅盾（1896～1981）本名沈德鴻，字雁冰。浙江嘉興桐鄉人。中國現代著名作家、文學評論家、文化活動家以及社會活動家，五四新文化運動先驅者之一，我國革命文藝奠基人之一。茅盾勇於面向世界的開放的文化心態以及精緻入微的筆觸，著作等身。

和衛清芬一樣，追求思想解放的新潮女性紛紛也扔掉束奶帕，開始向「冬烘先生」叫板宣戰。在當時刊行的小說中，不乏這方面的記錄，比如茅盾的小說《動搖》中就寫了女主人公束胸和放胸的情況：

原來是孫舞陽，她穿了一件銀灰色洋布的單旗袍，胸前平板板的，像是束了胸了。……（方羅蘭）驚訝的眼光直射孫舞陽的改常的胸部。（孫舞陽）彷彿也覺得方羅蘭凝視著她的胸脯的意義，又笑著轉口問道，「羅蘭，你看著我異樣麼？我今天也束了胸，免得太打眼呵！」

……孫舞陽說著伸了個欠，就把一件破軍衣褪了下來，裏面居然是粉紅色，肥短袖子，對襟，長僅及腰的一件玲瓏肉感的襯衣。……同時，她的右手抄進粉紅色襯衣裏摸索了一會兒，突然從衣底扯出一方白布來，撩在地上，笑著又說：「討厭的東西，束在那裡，呼吸也不自由；現在也不要了！」

方羅蘭看見孫舞陽的胸部就像放鬆彈簧似的鼓凸了出來，把襯衣的對襟紐扣的距間都派成了一個個的小圓孔，隱約可見白緞子似的肌膚。……

政府的提倡，給所有要求自由解放的女性撐了腰，壯了膽，女學生、女知識分子、「新女性」乃至「煙花新姐妹」們，都率先行動起來，積極回應號召。她們解除了束胸布、小馬甲，勇敢地昂起了頭臚、挺直了胸膛來做一個「真女人」。當時有一首流行歌曲唱道：

姊妹們，姊妹們，

挺起胸、來做人。

不低首、不貓腰，

不做沒有地位的人下人；

我們要做真女人！

（四）魯迅亦《憂天乳》

魯迅（1881 年 9 月 25 日～1936 年 10 月 19 日），原名周樟壽，後改名周樹人，浙江韶興人。著名思想家、文學家，五四新文化的旗手。對於中國近代社會思想文化發展具有重大影響。

當時在廈門教書的魯迅先生也很關心這件事，他寫文章，把束胸的事情又提到一個更高的文化層次。他在一九二七年十月八日《語絲》週刊第 152 期發表了一篇雜文《憂「天乳」》，文章寫道：

> 今年廣州在禁女學生束胸，違者罰洋五十元。報章稱之曰「天乳運動」。有人以不得獎增祥作命令為憾。公文上不見「雞頭肉」等字樣，蓋殊不足以厭文人學士之心。此外是報上的俏皮文章，滑稽議論。我想，如此而已，而已終古。

> 我曾經也有過「杞天之慮」，以為將來中國的學生出身的女性，恐怕要失去哺乳的能力，家家須雇乳娘。但僅只攻擊束胸是無效的。第一，要改良社會思想，對於乳房較為大方；第二，要改良衣裝，將上衣繫進裙裏去。旗袍和中國的短衣，都不適於乳的解放，因為其時即胸部以下掀起，不便，也不好看的。

> 還有一個大問題，是會不會乳大忽而算作犯罪，無處投考？我們中國在中華民國未成立以前，是只有「不齒於四民之列」者，才不准考試的。據理而言，女子斷髮既以失男女之別，有罪，則天乳更以加男女之別，當有功。但天下有許多事情，是全不能以口舌爭的。總要上諭，或者指揮刀。

> 否則，已經有了「短髮犯」了，此外還要增加「天乳犯」，或者也許還有「天足犯」。嗚呼，女性身上的花樣也特別多，而人生亦從此多苦矣。

> 我們如果不談什麼革新，進化之類，而專為安全著想，我以為女學生的身體最好是長髮，束胸，半放腳（纏過而又放之，一名文明腳）。因為我從北而南，所經過的地方，招牌旗幟，儘管不同，而對於這樣的女人，卻從不聞有一處仇視她的。

（五）《解放》雜誌鼓吹美乳

中國人從來就好熱鬧。保守時，大家比著保守；你保守，我比你更保守。但是，一說要解放，大家就比著解放；你解放，我比你更解放。一但放乳成了潮流，各種書報雜誌、朝野傳媒就蜂擁而上，語出驚人地討論起女人的乳房起來。什麼叫乳？乳是什麼樣？什麼叫放乳？放到什麼尺度？什麼叫美乳？美乳是什麼樣子？一時間「百家爭鳴」、「百花齊放」。其中，不少

刊物奢談乳房是打著「科學」與「革命」的幌子，目的在於增加銷量。但也有一些真知灼見，對女子健乳、護乳，提供了一定的「參照系」，這對於千百年來被牢牢封固的禁區，打開了一扇天窗。

1928 年春天，上海發行了一種《解放》雜誌，是專門討論婦女解放的不定期刊物。「創刊號」上發表了一篇署名吳中生的文章，首先提出了女子要「美乳」的意見，文中寫道：

> 作為現代女性，伊應對自身乳房要有瞭解和科學的認識，須懂得美乳的重要性。以及如何保護、維持乳房美。從美學的觀點上看，一般是以半球形、圓錐形為美。美乳要有流暢的線條，乳腺組織應該豐滿、圓潤，乳峰應該高聳，富有彈性。美乳的兩個乳頭之間距離應該在 22～25 釐米左右，須自然外傾。美乳的基底應該在 15～20 釐米之間。美乳的高度應從基底算起，至乳頭的頂端應是 5～7 釐米。美乳須左右大小等同對稱，挺拔豐滿、不下垂、不外擴。乳暈紅潤、大小適中。凡符合以上標準的可謂美乳也。
>
> 凡不及者，多係舊日束胸所害，故行此文，供伊等參用也。

《解放》雜誌大概發行了三期就停刊了，但作者在八十年前的文字中所提出的美乳數據，已與現代的標準十分相近了。上海同里美術學校的老師馬有光先生著文《談維納斯》，他說：

> 1820 年，在希臘米尼拉斯島發現了世界上最標準的維納斯塑像，她那身體曲線的完美比例驚歎世人。她身體處處都有著標準的黃金比例，腰肢、軀幹、美腿、乳房無一不在。她的乳房從正面看呈等邊三角形，也就是黃金三角點。這三個點的位置分別位於兩個乳頭和鎖骨中間的凹陷處。另外，從側面看，如果有一條線橫貫於她的兩個乳頭，那麼，這條線的終端位置正好處於她的上手臂的正中間。如果，我們生活中的女士符合這一標準的話，那麼，她就具有最標準的美乳。

這些文字的刊出，無疑對「天乳運動」起到了推被助瀾的作用。也為婦女的乳房解放，提出了科學化、現代化的進步趨向。

在希臘米尼拉斯島發現的維納斯塑像是西元前 350 年希臘雕塑家普拉克西特拉斯的作品。這座雕像展現的是維納斯行將入海沐浴的姿態。赤身的維納斯以典型的 S 造型似靜欲動地玉立在一個象徵著大海的水瓶旁。她嫵媚的面龐上籠罩著一層神秘的肅穆，她的雙眼沒有瞳孔，因此沒有目光。這座雕像產生於希臘古典藝術高峰時代的結束期，是古希臘人體藝術的結晶之作，後世女性美的造型，追根溯源，都是以她為典範的。

（六）《科普》宣傳婦女健乳

「天乳運動」的興起，不僅解除了女人的束胸，同時，也科學地推廣普及了女性關於乳房的保健和衛生知識。剛從德國進修婦科醫學畢業歸國的李維克先生，在其所著的《婦人衛生》一書中談道：

> 伊若處於青春期，此時乳房正在發育，必須注意乳的保健。青春期乳之發育會伴有疼痛，不可為之焦慮。這一階段乳腺增厚、外凸，乳頭增大，乳暈變深，切不可難以為情，故意遮掩，產生心理壓抑。須及時選佩合適乳罩，減少因劇烈運動對乳產生之傷害。更須防止乳部下垂和外側分散。睡眠時須脫去乳罩，以防止不填擠壓，導致矯枉過正，甚至變型。平時注意營養攝入，不偏食、不貪食、不厭食。適當食用魚、肉、禽、蛋，多食水果、菜蔬，保持乳之豐滿。

伊之經期，乳腺活躍，乳房會變大，勿恐勿慌，須保持心境樂觀，生活有序，經期過後會恢復原狀。

伊若已婚且已妊娠，此時乳腺管增多，皮下可見青筋，脂肪相應增多，乳體膨脹增大，房體也會下垂。此時須選用大號乳罩佩帶，將雙乳托起，以減少不適。同時注意乳之衛生，每日用溫水清洗雙乳，尤其乳頭和乳暈。復以毛巾擦乾，而後敷以油脂。

伊若進入哺乳期，須盡人母之責，切不可為自己體貌而放棄哺乳，自動回奶。需知，惟健康之母乳方能哺育出健康之後代。哺乳前須將乳頭洗淨，利於刺激排乳。哺乳時須用手將乳托起，以利血液回圈，和乳汁淤滯。定時喂乳，每日六次，不宜增減。一次哺乳，儘量把乳水哺盡，未盡時，當以手排淨。哺乳期必須選用棉製柔軟之乳罩，以防雙乳下垂。」

專以婦女讀者為對象的《家庭》雜誌，在民國十九年第四期上刊有一篇《豐胸漫話》，文中給乳房偏小的女士們出主意，提出了一系列豐胸的辦法。他說：

乳平、乳小已是今日婦人之憾事，不注意，則便有不便利出行與社交之嫌。然乳平、乳小可以挽救者乎？言施之於鍛鍊可矣。余謂首先可運動豐胸。如每日起床前堅持做一仰一起之動作百次，諸為有效。又則泳水之戲日興，若能時常活動於陽光綠波之間，功莫大焉。

睡姿以仰臥為佳，不可長期側眠，以保證雙乳發育平衡。另外可用營養豐乳。平日多食豬腳、魚、蝦、豆、核桃、板栗等，內含高蛋白和維生素，可促進胸部發育、豐胸而人不肥胖。

此外，還有精神豐胸法，即引終日有早、中、晚三次，將注意力之集中於自身胸乳之上，默禱豐胸百遍，用臆念至其生長，如同氣功之大小周天一般，其效果雖慢，但精誠所至必能達彼岸。對乳房過於平小者，余亦建議去西醫診所就醫，用科學之方法分明情況，增服一些西藥，可以增進內分泌之增長，適於已婚女士。

在「天乳運動」以前，婦女的乳下垂是十分普遍的，尤其經過哺乳期的婦女，因為保養和恢復不力，大多形成「袋乳」，不僅改變了女性體型，而且

還嚴重影響婦女的健康。針對這一普遍的現象，吳雅惠博士特意撰文強調《戴奶罩為女性之必須》。她說：

> 雙乳下垂乃我國婦人之通病，源於千百年來之精神壓迫、肉體壓迫和自輕自賤之觀念壓迫，婦人視乳為不可見人之物，自堪菲薄。其實，身體乃天賜之軀各有所用，亦各有其美，不可輕賤。試問頭與股孰賤孰貴？試問手與足孰賤孰貴？而今，人人都要平等，何況我輩身軀耳。婦人之乳天賜尤物，美胸增伊曲線，更增婀娜。育子哺之以乳，其福遺於後代子孫，孰堪小看？帝王將相寧無乳哺之恩？所以，伊當百般愛護雙乳。古代有「訶子」，近代有「文胸」，都是婦女福祉之物，務當佩戴，以護雙乳。試想為母親者乳健則兒孫健，兒孫健則種族旺，種族旺則國家強。若想「東亞病夫」之易幟，在於國之婦人健壯。「東方睡獅」之醒，在於母獅乳健，哺出「萬獸之王」。

這一時期民間出版的一些雜誌也都踴躍發聲，開始公開討論如何美乳和健乳的問題。以上為彼時在廣州和上海出版的《玲瓏畫刊》雜誌和《華玲》雜誌的書影。

（七）廣告畫重塑人體美

從此，商業廣告以出奇的敏銳性，精心描繪起女人的胸乳。這類商業味道很強的作品，雖說品味不高，但它如實地記錄了中國婦女解胸放乳、勇敢地走向自然之美而邁出的第一步。這類作品在 1925 年之前是絕對沒有的。而在「天乳運動」之後，現身於各種廣告之上的摩登女性，就再也不是「板鴨胸」、「餅子乳」的舊模樣。大多變成「雙峰高縱、腰肢曼欠」、「三圍突兀、一身曲線」的現代佳麗。

自從「五口通商」之後，各種外國消費品，如化妝品、香煙、染料、洋油、西藥等紛紛擁入廣州、上海、武漢等大都會，國外的經營方式和促銷活動也隨之進入中國。商品廣告是最有聲勢和效果的一種方式，尤其廣告畫更起著舉足輕重的作用。

在二十世紀初，享譽一時的大畫家鄭曼陀、薛暮橋、胡伯翔、抗稺英、周柏生、梁鼎銘等，都改弦易幟，投身到商業美術的陣營中去了。有的加入了英美煙草公司廣告部，有的進入了南洋煙草公司，更多的畫家自立門戶，用他們的生花妙筆，創作出無數精美的招貼畫、月份牌和露天油漆廣告，「時尚美女」是當時最熱門的繪畫主題。

「天乳運動」之後，廣告畫中的「大美人」一改舊日風貌，率先摒棄了「平胸美學」，而大膽地描繪起女人的乳房。從事商業美術的畫家們在世風允許的範圍內，把女人的乳房推向以「豐腴」為美的境地。這些廣告的公開展示，無疑對「禁革束胸」起到了巨大的推動作用。

　　如何畫好「大美人」，除了刻畫好美人姣好的五官面容，嬌姿倩影；畫好美人的頭髮、肌膚、衣著也是決對不可忽視的。可是，用傳統的繪畫手段是根本無法達到的。為了攻克這一技法，這些畫家們窮其所思，反覆試驗、琢磨，最終由徐詠青（1880～1953）和鄭曼陀（1888～1961）給予了突破。

　　徐詠青擅長於水彩畫，他用西洋水彩畫出的風景寫實、清雅，還富有透明感。而鄭曼陀由於學過西洋人物肖像畫，在繪製時裝美女時，他先用炭精粉擦筆擦出明暗，然後，罩上水彩色的淡彩，既有明暗層次，又顯得色彩淡雅，秀麗動人，尤其美人的皮膚畫得光滑細膩、晶瑩剔透，大有吹彈得破的佳妙。這種「擦筆」畫法，為「美人畫」獨闢蹊徑。後學無數，風靡一時。徐詠青和鄭曼陀兩人合作的廣告畫，一個畫美女，一個畫背景，時稱「珠連璧合」。

　　第一幀「乳房微袒」的廣告作品，是出自他們的學生杭穉英（1899～1947）筆下。他在廣告畫上畫了一幅「太真出浴圖」，轟動一時。他在《寫給劉海粟的一封信》中談道：

> 當年，我在黃金大舞臺看了梅蘭芳先生演出的新戲《太真外傳》之後，覺得那真是太美了。梅先生飾演的楊貴妃身披一領素白的輕紗，在追光之下輕歌曼舞，把白居易『侍兒扶起嬌無力』的意境，演釋得出神入化，宛若仙女下界一般。歸來，連夜伏案構思繪製草圖。我連續工作了十天，才將之一氣呵成。後為南洋兄弟煙草公司重金購去，印在民國十年發行的月份牌上。當時人們思想守舊，不似而今，畫女人露出低胸，簡直是件『大逆不道』的事情了。

　　從此穉英畫室名聲大震，杭穉英和他的學生和同事金梅生等人，進一步鑽研擦筆加水彩的技法，使其表現女人肌膚、服飾方面日臻完美，不僅充滿質感，而且充滿性感。在二、三十年代，他們都成了「美人廣告」的領軍人物。他們那種婉約綺妮的畫風，在「天乳運動」中亦生逢其時，一幀幀顧盼巧笑、煙視媚行、嫵媚動人、酥胸微袒的「美人畫」，要麼被繪成巨幅的露天廣告，架上了高高的樓頂；要麼被印我招貼畫，被貼滿大街小巷；要麼隨著小小的「香煙牌子」（即煙畫）進入尋常百姓家。無孔不入的美人廣告使人睹之不盡，避之不及，為如火如荼的「天乳運動」之火，又潑了一桶燃油。時人曾有打油詩嘲諷道：

> 鋪天蓋地散乳香，天花亂墜揚芬芳。

或就夢中登徒子，無須月下窺乳房。

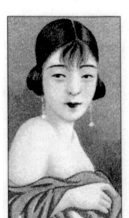

因政府推行了「天乳運動」，給煙商們也帶來了一個合法的投機機會，南洋兄弟煙草公司廣告部大膽地突破「禁區」，率先推出了一套「酥胸美女」的煙畫，每一枚上都畫有一位酥胸半袒的美女，附在《雙喜》《白金龍》等牌號的香煙中一起發售。上市之後，銷路猛增，為公司掙來巨額利潤的同時，也把「天乳運動」推進尋常百姓家。

矯枉過正，一些廣告公司以為「天乳運動」給了一個放縱的機會，便在「裸女畫」上大做文章，使一些不雅之作也推向了市場。一些廣告畫上的女人體從「半裸」發展到「全裸」不僅袒露雙乳，全身已然全都一絲不掛了。但是，這類「全裸」廣告遭到了社會的強烈抵制，上海習俗改革委員會主席彭立楓將這些出版商告到了教育部和工商部，強烈要求他們銷毀這類「黃色穢品」。此事得到政府們全力支持，強調：「宣導天乳」並非「宣導天體」，凡「誨淫誨盜」的廣告和畫片一概銷毀！並課以重罰、以正視聽。這場風波向社會一再證明「女子放胸」，是保證婦女權益和身心健康，是社會的一大進步，但不可逾越社會傳統的道德標準。

（八）《良友》向女界推薦文胸

著名的《良友》畫報，誕生於 1926 年 2 月 15 日的傍晚，在大上海的奧迪安電影院門口，幾個印刷廠的學徒向來來往往的摩登男女吆喝，兜售著這份新出爐的畫報。

畫報封面是一個手持鮮花、笑靨迎人的美人，顯得格外鮮豔奪目。人文

薈萃的上海素來無奇不有，卻從未見過這麼一份靚麗的畫報，而且，此畫報只售大洋一角。路人的目光一下被它吸引住，紛紛解囊購買。頭一版三千冊，瞬間告罄。《良友》畫報的大名就此不脛而走，風行全國。上至達官顯貴，下至平民百姓，無論知識階層還是婦孺之輩，都對它愛不釋手。不到一年的工夫，無論是通都大邑還是窮鄉僻壤，無論在國內還是在國外，都布滿了它的身影。一時成了發行量最大、社會影響也最大的圖文刊物，連美國的《生活》畫報亦相形見絀。

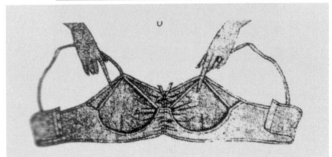

上圖為《良友》刊登的「戴乳罩的女士」插圖。該舉動馬上得到了北方出版界的積極影響。下圖是 1927 年 11 日出版的《北洋畫報》也刊登推介西方婦女穿用文胸方法形樣。

　　1927 年秋季，為了配合舉國轟動的「天乳運動」，《良友》畫報不失時機地向廣大讀者介紹並刊登了歐洲女人所用的文胸。這一破天荒的舉動，使中國人第一次認識了乳罩。《良友》把歐洲婦女日常使用的乳罩樣式，製成照相版印製出來，並且用文字詳細地講解了它的使用方法和穿著的益處。這是國人首次聞知來自海外「舶來品」的妙用。今日看來，此事原本平庸無奇，可在

上個世紀二十年代的中國，這種婦女所用的私密之物，簡直無異於來自天際的珍奇一般。它不僅引起了男人們的好奇，太太、小姐、新女性、女學生、花界名媛們，對此莫不豔羨青睞，躍躍欲試。

對西方婦女使用乳罩的推介，對當時的中國婦女來說有著劃時代的意義。「天乳運動」大興，女性們紛紛把舊日的抹胸、小衣、兜肚等摒棄掉，乳房是自由了，但又都覺得胸前空蕩蕩的感覺，高聳的乳房會把外衣支起很高，而且隨著行走而會發生顫抖，劃出明顯的「S」弧線，令人十分尷尬。正如當時出版的鴛鴦蝴蝶派小說《早春》裏的阿鳳一樣：

　　自從把裹胸帶子丟掉以後，阿鳳就很少出門了。她總是對著鏡子反反覆覆地照自己的胸口。一對乳峰把大襟衫子頂了起來，如果穿淺色的衣服，兩隻乳粒格外分明，好似爭著要跑出來一樣。換上件深色的緞子襖，就更不像樣了。兩隻乳粒隨著呼吸喘氣就跳躍起來，時上時下，時左時右地在劃圈兒，在跳舞。走起路來就更明顯了。別說丫頭小鶯偷偷地笑，就是伊自己也覺得很不勁兒。這怎能出門兒，怎能上學呢？

「天乳運動」大興，女性們紛紛把舊日的抹胸、小衣、兜肚等摒棄掉，乳房是自由了，但高聳的乳房會把外衣支起很高，而且隨著行走而會發生顫抖，劃出明顯的「S」弧線，令人十分尷尬。這張繪於當時的廣告畫，就已流露出未戴乳罩時女性的尷尬。

　　《良友》和《北洋畫報》推介的洋乳罩，自然是一件「濟世良方」。洋乳罩與舊日的抹胸截然不同，它的作用是護乳、托乳，而不是勒乳、束乳。這乳罩是一位美國叫傑布可絲的女子發明的。她厭倦了僵硬的緊身胸衣，在法國女僕的幫助下，用兩條手帕加上一條粉紅色的絲帶結成一件類似胸罩的內衣，穿著它去參加了朋友的晚裝舞會。她的出現，其自然凸顯的乳房立刻招來朋友們羨慕的目光。隨後，她為周圍的女友競相模仿進行了很多同樣的製作。從此，乳罩就廣泛的流行起來。

　　1914 年，她以克瑞絲可絲比的愛稱申請了專利，從此，這種「無背式胸罩」就正式誕生了。一年之後，這項專利被美國「華納兄弟緊身胸衣公司」買去，並加以改進，就這樣，成批生產的乳罩便進入了市場。西方的女子們就此告別了緊身胸衣，而使用乳罩了。

　　早期出現的乳罩儘管五光十色、十分好看，但都是軟塌塌地缺乏支持力。二十年代初，紐約的一家著名的「仕女造型胸罩公司」設計生產了一種能夠襯有半圓鋼絲圈托襯乳房的胸罩，為女人們找回美麗的乳房曲線和性感。上市之後大受歡迎。

（九）上海先施公司熱銷乳罩

　　上海最大的百貨公司創建於 1914 年，三年後在南京路落成開張，他是由澳大利亞華僑商人馬應彪先生為回應孫中山宣導的「實業救國」的號召，投資開辦的，起名為先施百貨公司。

　　先施公司的投資巨大，商品齊全，不僅經銷國內精品，世界各地的產品也都通過進口，陳列在櫃檯裏面，可以說「衣食住行所需之物應有盡有，四海奇珍異貨樣樣俱全。」其中，男士西裝、領帶、皮鞋，禮帽，女士的禮服、洋裙、內衣、乳罩、高跟鞋，在服裝部裏也都耀眼奪目地陳列著，高雅華貴地吸引著顧客的眼球。不過，在二十年代以前，這類產品多為西人陳設，華人很少問津。

　　「天乳運動」一興，尤其《良友》推介乳罩之後，上層婦女、花界名媛和新女性們蜂擁而至，爭睹女士內衣、乳罩的風采和樣式。但是，她們在服裝部踟躕徘徊者多，欲問又怯問者多；而大膽試用，慷慨購買的很少。原因在於銷售部裏多是男子，沒有女售貨員。造成女顧客興沖沖來此，卻又望塵怯步，掃興而回。

　　說到乳罩的暢銷，不能不提到一位巾幗英雄——她就是馬應彪先生的原配夫人——霍慶棠女士。霍女士原本是一位牧師的女兒，少年時代聰明好學，喜歡追趕時代新潮，曾經熱情地擁護孫中山的反滿主張，襄助其夫經營商業，也是一位「實業救國」的先進人物。但在二十年代的中國，封建意識還相當濃厚，女子要留在家中服侍男人，不能外出工作。霍慶棠認為時代已經前進了，男女平等不容置疑。為了方便女顧客，她建議先施公司招聘女售貨員。但是，招聘啟事貼出一個多月，卻沒有人敢來應聘。霍慶棠一不做二不休，親自披掛上陣，做起了公司化妝品部的售貨員，還動員了她的兩個小姑與她一起來售貨。她不但儀態端莊，而且善於辭令，熟識貨品性能，周旋於顧客之間，深受男女顧客歡迎，一時間「三個女人同臺站」的佳話傳遍上海、香港和澳門，社會上層人士紛紛來到先施公司購物，都想親眼看看這位勇氣可嘉的老闆娘，也想見識女售貨員的服務是怎樣吸引人的。於是公司生意異常興隆。

THE TEACHINGS OF WESTERN CIVILISATION

　　這幅漫畫是奧地利畫家希夫在三十年代初繪製的，他紀錄了 1927 年先施公司在櫥窗內用模特展示洋乳罩的情形。每天都引得無數行人立在櫥窗前駐足觀看。

在「天乳運動」時期，霍慶棠又帶頭到了服裝部，親自培訓女售貨員熟悉乳罩業務，並以自身為模特來為女顧客服務。為了工作的方便，她還帶頭剪去髮辮，盡展女性幹練之風。從而，帶動了洋乳罩的熱銷，每日顧客盈門，應接不暇。使乳罩銷售經常斷檔。她還要求美國、法國的供貨商生產要適合中國女性胸乳尺寸的小號乳罩，以進一步向中國女性推廣使用。

1927 年 7 月 23 日，霍慶棠的服裝部迎來了一位尊貴的客人，她就是紅得發紫的電影明星阮玲玉。阮玲玉為了使自己在銀幕上的造型更加靚麗，使自己特別訂製的新款旗袍更加合體，在導演張達民的陪同下，親臨先施公司選購乳罩。這一新聞的傳出，瞬間轟動上海，成了先施公司的無形廣告。上海影壇、舞壇、歌壇的明星們，蝴蝶、黎莉莉、陳燕燕、顧蘭君、葉秋心、袁美雲、徐風、周璇等人，莫不接踵而至，紛紛前來選擇佩戴最適合自身體態的文胸，讓自身體態更加優美、瀟灑。她們還特意挑選雙層加厚的乳罩佩戴，以豐富自己身體的曲線。在這些時尚女人的示範下，加之社會風氣的開放，佩帶乳罩的行動很快被眾多的女性接受。

霍慶棠女士是創辦先施百貨公司馬應彪先生的夫人，也是該公司總監督。原籍廣東順德。其父霍靜山是香港西區禮拜堂的牧師。霍少時聰明好學，思想新潮，擁護孫中山的反滿思想。婚後與馬應彪創辦先施公司。為便利女顧客購物，她挺身而出，站在公司二樓化妝品部當女售貨員，顯示出婦女獨特的人格和力量。

阮玲玉（1910.4.26～1935.3.8），中國無聲電影時期著名影星，廣東香山人，出生於上海。畢業於上海崇德女子中學。1926 年考入上海明星影片公司，從此踏入影壇，代表作有《野草閒花》、《神女》、《新女性》等。她也是在影界率先佩帶加厚洋乳罩的第一人。

「天乳運動」的興起和乳罩的推廣普及，催生了中國民資乳罩生產廠的誕生。兩年之後，我國第一家生產女用乳罩的上海藝發奶罩公司正式成立，開始自產自銷國產乳罩。該廠在生產製作更適於中國女子體型的乳罩方面，做出過重大貢獻。

（十）「四大名旦」荀慧生亦戴上了義乳

風波所及，使得一向保守的京劇也為之一變。在此之前，男旦一向以平胸為美，是「平胸美學」的宣導者。但在轟轟烈烈的「天乳運動」興起之後，平胸已不再是美人的標誌，他們再高雅精湛的演技也難與女伶形體的自然美抗衡。高壓之下，男旦們也開始改弦易轍，從外在形體上下些工夫了。

「四大名旦」之一的尚小雲，一向以刻畫「巾幗英雄」的出色形象而立身舞臺的。他的表演在形體動作上有一重大突破，那就是「露胳膊」。無論是《昭君出塞》的王昭君，還是《乾坤福壽鏡》中的胡氏夫人，在一些身段舞蹈的大亮相中，他都會把玉臂上揚，水袖下垂而露出「白淨如玉」的胳膊，使古代美女的造型向現代靠近。為此，尚小雲先生在化妝時都特地要刮淨腋下的腋毛。這一特殊的亮相，對梅蘭芳、程硯秋說來，簡直是不堪想像。

而另一位「四大名旦」之一荀慧生先生，在旦角形體塑造方面的突破就更大了。荀慧生先生 1927 年 12 月在天蟾舞臺上首演《盤絲洞》，他在該劇

中飾演月霞仙子,也就是女主角——蜘蛛精。在「濯垢泉」一場戲中,荀先生為妖冶的「蜘蛛精」精心設計了一套肉色緊身衣,胸前佩戴一副大紅色繡晶片的假乳罩,身披白色輕紗,做出出水芙蓉狀的亮相,把一個妖氣的「蜘蛛精」,表現得充滿性感,肌膚外露的女人。據說,他的這幅豔妝一出場,舞臺上的聚光燈猛然一亮。直驚得四座觀眾呆若木雞,男士們大跌眼鏡,女士們則紛紛低頭掩臉,羞不忍看。第二天,報紙上一陣抨擊笑罵,謂之「糟蹋國劇」、「有傷大雅」。

只有劇評家傅惜華先生著文支持,對此舉大加讚賞,稱之為「現代美之創舉」。另有小報諷刺他說:「荀先生是以身作則,帶頭回應政府號召,支持『天乳運動』」。荀慧生先生的這次表演社會影響極大,一夜之間,票房價值猛增,十天的戲票,一下子全部售罄。

筆者之所以把荀慧生的例子舉了出來,是為了說明民國伊始時,人們皆以男旦梅蘭芳等人的「平胸之美」的觀點來審視、衡量女子形體之美,並且,以伊作為標準的範本來推崇。通過「天乳運動」的衝擊之後,「平胸之美」的觀念被徹底粉碎了。還原了女性軀體的自然之美。以至,最保守、最有惰性的京劇旦角的化裝也被迫發生了改變。

以上兩圖為京劇「四大名旦」之一荀慧生先生在一九二七年演出《盤絲洞》的劇照,在古典戲劇中佩戴義乳上場,在當時所造成的巨大轟動是可想而知的。京劇化妝本身是極端保守的。男旦的化妝基定了「平胸美學」的基礎。荀先生的大膽突破,對「天乳運動」又添了一把火。

　　此時，大批女性旦角演員已爭先恐後地登上京劇舞臺，她們以女人飾演女人的自然美，以女人的喉嚨演唱女子的聲腔，更贏得廣大觀眾的青睞。金素琴、王玉蓉、呂美玉、潘雪豔等一大批坤旦，都成了人們熱捧的大明星，其聲勢直逼「四大名旦」。她們那高聳的胸脯、優美的三圍，飄逸的身姿和悅耳的燕語鶯聲，把昔日輝煌不可一世的乾旦逼入了死角。紅得發紫的坤伶如潘雪豔、呂美玉還成了香煙和女性化妝品廣告的代言人，她們的倩影幾乎成了人們日常生活的伴隨物，以至「不可一日無此君」了。

「天乳運動」之後，上海明月歌舞團的女演員們皆以健美的身姿跳著她們自己編的現代舞蹈，活躍在大江南北的舞臺上。

　　滬上最為新潮的「明月歌舞團」，更是走在「天乳運動」的第一線。該團在黎錦暉的領導下，先後在上海，香港、全國各地巡迴演出，不僅推出了一系列現代歌曲和舞蹈，還培養出周璿、聶耳、王人美、嚴華、黎莉莉、白虹、陳燕燕等一系列著名的藝術家。《毛毛雨》、《桃花江》、《特別快車》、《夜上海》等膾炙人口的節目，都是她們的傑作。女演員在舞臺上千方百計地塑造自身的形體美，用歌聲和舞蹈來展示女子的青春美，這一切，一度成為舉國時尚青年、時髦男女追逐和模仿的標杆。

（十一）女性「三圍」的公開討論

　　「天乳運動」使中國婦女解除了加在身體上的桎梏，使婦女恢復了身體健康的同時，也使她們回歸了自然美。人們開始公開地探討如何使婦女的身體更加健美。張競生曾在《性美》一文中，旗幟鮮明地提出了女性的「三圍」問題，對女性胸圍、腰圍、臀圍的審美界定。他指出：

> 女人的奶部發達，則胸部也發展，兩粒乳頭高聳於酥胸之上，其姿勢為向前突出，而與其臀部的後突，成為女身的曲線形，這是性之美處。

> 女陰不發達，直接使臀骨盤不寬大，而臀部遂而狹小瘦損。間接地，在上面則使奶與胸部不發展，而下面使腳腿不壯健。以是足跟不靈便矯捷，臀部不成波紋形，胸不突前，以是足小而腳腿無力量。行起路來，實如行屍走肉一般。

　　這些破天荒的提法，為近代女性美常用的「三圍」術語開創了話語的先河，使新的女性審美觀念得以確立。

　　「三圍」，是專指女性的胸圍、腰圍、臀圍三者的合稱。曲線美是衡量女性形體美的重要標誌，而女性「三圍」又是構成曲線美的核心因素。「天乳運動」期間，《國民日報》刊登了不少討論《曲線美》的文章，其中一篇指出：

> 人體之真美。以曲線豐隆，色澤光潤，體態苗條，才算是真美。然而，曲線大概可以分為面部曲線、胸部曲線、臀部曲線三大部。胸部曲線，也要豐隆突起才是美觀。故西洋婦女多束腰裝乳，務求胸部曲線之豐隆。要腰細而臀大，乳要能充分發育。所以，要腰細、臀大者。因為，惟腰細臀大，才有曲線美，才有苗條體態。乳部所以要充分發育者，因為兩乳能充分發育，胸部才豐隆可愛。

　　當時的人們是怎樣衡量女性的「三圍」標準呢？一些報刊曾引進了歐美女性的「三圍」公式，既胸圍＝身高（釐米）×0.53，腰圍＝身高（釐米）×0.36，臀圍＝身高（釐米）×0.56。但這一標準，與中國婦女的身材相差甚遠，並不實用。我國的學人則根據國人的體質體型，提出了簡單易記的「36、23、36」英寸（目前針對我國人種特點，三圍尺寸的標準一般為胸圍84cm，腰圍61cm，臀圍 90cm）。曲線美是衡量女性形體美的重要標誌，我國的健美專家根據國人的體質體型，結合健身運動對人體形態和體質的影響等因素，研究歸納出計算女性標準三圍的方法：胸圍＝身高（釐米）×0.535，腰圍＝身高（釐米）×0.365，臀圍＝身高（釐米）×0.565。實際計算得出的指數與標準指數±3 釐米均屬標準。小於 5 釐米，說明過於苗條則偏瘦；大於 5 釐米，說明過於豐滿則偏胖。

　　這種議論，在當年都是令人目瞪口呆的「狂語」。然而，它又是一種科學的、進步的道理。「三圍」概念一提出，便得到「新女性」們的積極回應。她們驕傲地挺起了胸膛，並且開始束緊自己的腰肢，認認真真地開始使自己成為「有線條」的女人。

　　接著，《國民日報》又發起了《乳房之美》的討論，文章引用了日本學者鈴木春信對健美的女性乳房標準的意見。他說：

　　　　乳房之美，其一在於它它應有流暢的線條，豐滿高聳且富有彈性的乳峰。外形必為半球型、或圓錐型最為理想。其二，東方女性的乳頭間的距離應當大於 20cm。乳房的基底到乳頭的高度應為 6 釐來上下。其三，乳房整體須上挺，左右大小一致，不下垂，不外擴。乳暈直經約為 4cm 左右，顏色紅潤。乳頭向外突出，位置應在第 4 肋骨之間。此外，肌膚必須白晰細膩，且有淡淡暖香。〔日報編者按曰〕：我國女子之雙乳曾受過數百年的束胸之苦，原本健碩的雙乳在封建陋習的摧殘之下，皆變得畸型怪異。做女兒時雙乳多為偏平，婚後成為墜囊，育子時變成奶袋，中年開始乾癟下垂。而今時代進步，天乳大興。祝天下女子解放乳房，愛護乳房，保健乳房。美麗乳房，有章可取，有模可依，有法可尋。唯自矜自愛、自身重視、建康生活、精神愉快、科學運動，美育則達矣。

　　二十年代末期，上海公共租界中的舞蹈學校、女子健身學校、女子體操培訓班如雨後春筍般地出現。南京和武漢的女子學校也把女子健身操和型體

操列入正式課程,「三圍」建設與健乳訓練是女學生必修的學業。這一切為促進女子體育運動的開展發揮了積極的作用。

(十二) 畫家為「新女性」重新造型

詩人郭沫若在他的著名的詩篇《鳳凰涅盤》中唱道:

> 我們新鮮,我們淨朗,
>
> 我們華美,我們芬芳,
>
> 一切的一,芬芳
>
> 一的一切,芬芳。
>
> 芬芳便是你,芬芳便是我。
>
> 芬芳便是他,芬芳便是火。
>
> 火便是你。
>
> 火便是我。
>
> 火便是他。
>
> 火便是火。
>
> 翔翔!翔翔!
>
> 歡唱!歡唱!

用這些詩句來謳歌、讚美,解除了「束胸」之苦的新女性們心中的歡愉、快樂,當是恰如其分的。「天乳運動」的歷史功績,在於促進婦女肢體解放的同時,使中國婦女重歸「自然之美」。

天乳運動之後的新女性們以嶄新的肢體形象重新走入社會,走上舞臺、走向運動場,走上銀幕,走進市廛生活的各個角落。她們婀娜多姿的身影所到之處,頓時陽光四溢,生機勃勃,使人間充滿了美,充滿了母愛,充滿了幸福溫馨。

彼時,最宣揚「放乳」後美女形象的,要數商業美術家們的畫筆。他們在廣告畫、招貼畫、月份牌畫、香煙畫片和露天油漆廣告畫上,描繪了數不清的「時尚美女」。為重塑和宣揚中國近代女性人體美做出了驕人的奉獻。當然,這些作品的品質和內容涇渭有別,良莠不齊,至今評價不一。但是,他們筆下的女子形象較之以前歷代專畫美人的聖手,則有著天翻地覆的變化!

「天乳運動」之後，廣告畫中的「大美人」一改舊日風貌，率先摒棄了「平胸美學」，而大膽地描繪起女人的乳房。從事商業美術的畫家們在世風允許的範圍內，把女人的乳房推向以「豐腴」為美的境地。這些廣告的公開展示，無疑對「禁革束胸」起到了巨大的推動作用。

在重新塑造「時代新女性」的繪畫藝術中，上海商業美術工作者的貢獻十分突出。尤其在「天乳運動」之後，他們的筆下誕生了很多充滿生機、充滿活力的肢體解放女性形象。儘管人們至今褒貶不一，但其中的健康、朝氣、三圍、曲線之美盡展，則是無可非議的。

　　在天乳運動的推動之下，中國繪畫藝術界發生了翻天覆地的變化。尤其，為傳統的仕女畫注入了新的生機。千年緊閉的封建大門一旦推開，畫家們在重新塑造人體美的方面，展現出一片廣闊無際的新天地。諸多美術、藝術學院都開闢了人體寫生課，科學地研究人體，塑造健康美麗的人體是每一個學生的必經之路。女模特也成了一個正大光明的職業，再也不受社會歧視。著名的大畫家、美術教育家徐悲鴻、林風眠等人身先士卒地向傳統的中國畫開戰，以新穎大膽的筆墨創作了《山鬼》、《浴女》等一系列的名作，向世人宣示東方女子的人體之美、四肢之美、健乳之美，高屋建瓴地蕩滌了世俗的偏見，和對人體之美潑盡的污泥濁水。進一步喚醒了國人對健康的女人，以及對女人健乳的尊重。這些作品在上世紀三十年代，每一次展覽都起到了震聾發聵的巨大影響。

林風眠（1900～1991 年），畫家、藝術教育家、國立藝術院首任院長。歷任國立北平藝術專科學校校長、國立藝術學院院長、中國美術家協會上海分會副主席。他創作的仕女畫，大致保持著如詩如夢的一貫性格，豐滿的肌體、圓潤的曲線、馬蒂斯和莫底格裏阿尼式的姿致，表現出青春生命的嬌鮮與渴望，他筆下單線平塗的裸女，洋溢著東方式的節奏和韻律。

徐悲鴻（1895～1953 年），中國現代畫家、美術教育家。曾留學法國學西畫，歸國後長期從事美術教育，先後任教於國立中央大學藝術系、北平大學藝術學院和北平藝專。1949 年後任中央美術學院院長。擅長人物、走獸、花鳥，強調國畫改革融入西畫技法，作畫主張光線、造型，講求對象的解剖結構、骨骼的準確把握，主張傳統中國畫的改良，提出了《中國畫改良論》。

　　在天乳運動的衝擊下，最正統、最保守、最「士大夫」審美的中國仕女畫，在藝術造型方面也發生巨大的改變，一些聲名超著的大畫家亦以摧枯拉朽的氣勢，打破了「含胸、駝背、溜肩、縮臀、掩足、拖胯、水蛇腰、風擺手」等，一系列塑造美女的法規法則，使中國傳統風格的仕女畫上的美女們「昂起了頭、直起了腰、抬起了手臂、挺起了胸膛」，使一個個健康、俊美

的女性生氣勃勃地躍然紙上。使她們呼吸著時代的春風，賦予她們以鮮活的
生命和「鳳凰涅槃」般的新生。大畫家張大千、胡也佛等人之所以在「新仕
女畫」方面做出重大的貢獻，在他們眼中，美人不僅長得美，「骨肉勻停」，
而且氣質要「嫻靜娟好，有林下風度，遺世而獨立之姿」。他們筆下的秘旨，
則是「不再忽視女性胸部乳房的有無」，而為女性乳房營造出健康、寬鬆和
自由的空間。

左圖為張大千繪《竹下仕女圖》。張大千（1899～1983），原名正權，四川內江人，祖
籍廣東番禺，精於山水、仕女與花卉。20世紀50年代，遊歷世界，享有巨大的國際
聲譽，西方藝壇贊為「東方之筆」。

右圖為胡也佛繪《晨起圖》。胡也佛（1908～1980），浙江金姚人，上海新華藝術專業
畢業，曾任上海商務印書局編輯。工書畫，學宗仇十洲，擅作仕女，雋逸過人。以一
手「鐵線游絲」的絕活獨領風騷，至今仍是海內一絕。張大千自認畫不出胡也佛筆下
仕女的那股媚韻。

（十三）「天乳運動」帶動了「旗袍革命」

「天乳運動」提出的要做「有線條」女人的概念，一但成為社會意識，便帶動了近代婦女服裝的巨變和三十年代的「旗袍革命」。

早在「天乳運動」之前，婦女穿的袍服款式保守，腰身概取寬鬆，袖長及腕，身長則在足踝以上。這種款式近似男裝，也是當時時髦女性們的一種勇敢嘗試。「天乳運動」之後，國民政府又在 1929 年 4 月 16 日公布了《服制條例》，條例規定，旗袍是中國女子的禮服，要求「齊領，前襟右掩，長至膝與踝之中點，與褲下端齊，袖長過肘，與手脈之中點，質用絲麻棉毛織品，色藍，紐扣六」。從此，女人穿旗袍風行起來，開始從上層社會逐步走向普及化的發展。

經過「天乳運動」洗禮後的上海，一直執女性旗袍樣式之牛耳，款式日新月異的變化如同脫韁野馬，盡情地發揮著服裝設計者的聰明才智。她們富有創造性地把旗袍款式發展到極致，千變萬化、炫目多彩。

1929 年 4 月 16 日國民政府公布了《服制條例》，條例規定，旗袍是中國女子的禮
服，從此，旗袍風行起來，開始從上層社會逐步走向普及化的發展。三十年代，旗
袍奠定了女裝舞臺上不可替代的重要地位，加入西式風格的海派旗袍，一枝獨秀、
大放光彩。

報人吳昊曾在《申報》副刊上撰文，分析旗袍在市民階層風行的原因，
指出有以下六個方面因素：

一、經濟便利。以前，上衣下裙連褲的搭配複雜，而旗袍則衣
和裳連屬，一件可替代，結構簡單，剪裁方便，省工省料。

二、線條流暢。整件旗袍從上到下，由單一塊衣料剪成，既無
衣料重疊部位，更無帶、襻、袋等附件裝飾，風格流暢，穿著貼體，
自然美觀。

三、美觀適體。由於旗袍上下連屬，合為一體，容易襯托出婦
女形體的曲線美，再加上高跟鞋流行，更能增添女體修長的美感，
亭亭玉立。

四、搭配容易。作為主裝，旗袍很容易與西式上衣、背心、大
衣或斗篷等配套，適應四季變化不同氣候，其利用率較其他服裝為
高。

五、可塑性強。旗袍適應能力高，一塊素粗布不加任何裝飾，
可使人顯得樸實無華；但加上繡文、條子花邊，綴上珠寶，又可顯

示高雅華貴氣派。既可活潑，亦能凝重，在不同場合發揮不同的光
彩。一件旗袍，可以是校服，又可以是舞衣，更可以是禮儀服，千
變萬化。」

旗袍很快受到各階層和不同年齡婦女的普遍喜愛。旗袍改良的一個極重
要的原因，它是「天乳運動」的餘韻。女式旗袍領口的高低；袖子的縮窄縮
短；腰身的寬鬆與收緊；均與女性乳房的發育狀況有著直接的關係。束乳、
放乳、天乳與義乳之間的尺寸、高低、寬窄有著天壤之別，製衣裁縫技藝的
高低，決定於裁制旗袍胸線的手法和技巧高明程度。尤其，領子的式樣，有
高領、低領、方領、圓領、U 字領、V 字領、西式翻領、一字平口領、荷花
領、竹筒領；肩膀的溜、聳、平、低；腋窩的收、放、鬆、緊；乃至袖子的寬、
窄；紐襻的樣式和位置，甚至袍身的長短；開衩的高低；滾邊鑲邊的多寡，無
不與女人的雙乳有關。縫製旗袍的高手要精敲細推、與時俱進地作盡文章，
必須對女子的雙乳有著精細的研究，製出的旗袍才秀色可餐，春光無限。

當時的上海已被世人譽為「東方的巴黎」，南京路、霞飛路、靜安寺路上
的時裝店，終日人頭攢動、熱鬧非凡。建於民初的鴻翔時裝公司，朋街服裝
商店、培羅蒙西服店、第一西比利亞皮貨服裝店等，都是上海時裝的龍頭老
大，名傳遐邇，聲震中外。不僅蔡元培、宋慶齡等文化名人常來光顧，滬上所
有名媛淑女、明星大腕，莫不以穿名店的製衣為榮。連英國女王伊莉莎白還
曾不辭萬里之遙，向該店定製新款的服裝。

時裝領先，為上海培養出一大批技藝超群的技師。他們不僅技術過硬、
思想前衛，而且還有著弘揚東方文化的設計理念，把中國的優良傳統與西
洋的精粹進行有機的結合和大膽地改進，創造出獨有的「海派」浪漫風格。
三十年代的市井童謠最能反映出真實的世俗本色。孩子們唱道：

時裝都學上海樣，學來學去學弗像！

等到學了三分像，上海早已翻花樣！

魯迅先生對此也有過精確分析，他說，

時髦女子所表現的神氣，是在招搖，也在固守，在羅致，也在
抵禦，像一切異性的親人，也像一切異性的敵人，她在喜歡，也正
在惱怒。

「天乳運動」使大都會的名門閨秀肢體解放，追趕時髦、享受奢華，她
們崇尚西化的生活，要求服裝更美觀和體。市民階層在無邊聲色的誘惑下，

也都加入了趨炎附勢當中，使得旗袍普及成風。

著名詩人豁公也為女士們各式各樣的旗袍大唱讚歌，他寫詩刊登在《新聞報》的副刊上。

> 萬花谷裏探春回，惹得幽香入袖來；
>
> 為愛天桃顏色好，小欄杆外幾徘徊。
>
> 暮雲千里一嬋娟，玉立亭亭態自妍；
>
> 鬢霧鬟風衣水葉，前身應是廣寒仙。

（十四）「天乳運動」促進女子體育勃興

民國伊始，女子學校越辦越多，女子體育運動便有所開展。受歐風影響，女子學校，尤其教會主辦的女子學校開始出現課間操、跑步、跳高、跳遠、打羽毛球、騎自行車等戶外運動。女校之間還時常開展各種體育比賽。遊鑑明在《超越性別身體——近代華東地區的女子體育》一文中，記載了一批出色的女運動員，

> 被眾人視為女戰士，她們在校園中的封號也非常陽剛，例如復旦大學有「三將軍」、東吳大學有「四大金剛」、愛國女學有「飛將軍」，其中東吳的『四大金剛』，還是男同學送給她們的雅號。

「天乳運動」進一步推動了女子體育運動的開展。正如作家金一在《女子世界》雜誌的發刊詞中寫道：

> 女子者，國民之母也。欲新中國，必新女子；欲強中國，必強女子；欲文明中國，必先文明我女子；欲普救中國，必先普救我女子，無可疑也。

這種「強國保種」的體育觀，伴隨北伐的成功、女權的解放，教育體制的改革、美國自然體育理論的引入和「體育救國」的思潮出現，女學生的體能訓練也從成為「國民之母」、「女國民」，轉變為具有運動才能的「新婦女」、「新女性」或「摩登女性」。女子體育從形式到話語都發生了巨大的變化。

中華民國全國運動會（簡稱全運會），始創於 1910 年，它是國民最高級別的運動會。但是，前三屆全然沒有女子運動的比賽專案。「天乳運動」以後，1930 年舉行的第四屆全國運動會，在杭州梅東高橋舉辦。戴季陶任會長、蔣中正任名譽會長。在這次運動會上，第一次設立了女子田徑專案，其中有短跑、跳遠、網球比賽等，參加比賽的女運動員已有數十人之多。到了 1933 年

在南京中央體育場舉辦第五屆全運會時，女子專案又增設了國術、女壘、游泳等女子專案。北至黑龍江，南至香港、澳門，全國十餘省和直轄市都派有女子代表隊參賽。

這一屆運動會成績輝煌，共打破 21 項田徑、4 項游泳比賽的全國紀錄，其中，最引人矚目的運動員，除了遼寧的劉長春、上海的郝春德之外，就屬香港女選手楊秀瓊了。她一個人囊括 50 米、100 米自由泳、100 米仰泳、200 米俯泳全部冠軍，贏得了中國「魚美人」的譽稱，轟動一時。

以上三幀照片原刊登於民國二十年（1931）出版的《體育畫報》。記載了當時參加全國體育運動會的女運動員們，一個個生龍活虎，英姿颯爽，在各個賽場上各展所長，不讓鬚眉。

　　大家都知道，百年前的中國，人們對於「游泳」運動是完全漠生的。儘管古代經典中有「蹼人」、「弄潮兒」之說，文學作品中也有對「醉入東海騎長鯨」的安琪生、「浪裏白條」張順等善泳者的描寫，但多是帶有一些仙氣和「匪」氣的男人。唯一一位能「探海求珠」的女泳者，名叫廉錦楓，她還只是個清代作家李汝珍警世小說《鏡花緣》中的想像人物。在封建禮教的桎梏下，女人根本不能赤胸裸臂的出現在光天化日之下。所以，梅蘭芳在舞臺上塑造的游泳健兒——廉錦楓，絕不能穿游泳衣下海，依然要「長裾闊袖、裙佩叮噹」地躍入水中。

　　游泳作為一種體育運動，是由西方傳入中國的。咸豐四年（1854年）上海工部局在靜安路跑馬場內曾修建了一座游泳池。這一新事物，在上海造成

了相當大的轟動。西人男女袒胸露背的混在一起「洗澡」，簡直是不可思議的天方夜譚。對於華人來說，這個游泳池自然是無緣光顧的。

民國初年，政府提倡健身運動，游泳池對外開放，上層社會的時髦男女也開始東施效顰、扭扭捏捏地脫去臃腫的袍服，勇敢地進入泳池內學習游泳。但在民眾眼裏，這些人成了「觀賞動物」。泳池經營者不僅收游泳人的錢，還公開發售參觀券，供人隔著鐵絲網參觀游泳的奇景。前來購票「觀賞」的人居然絡繹不絕，滿坑滿谷。這樣的怪事一直到民國五年才得以終止。

「天乳運動」促進了女子游泳運動的開展。楊秀瓊的脫穎而出，代表著女子形體的徹底解放。《良友》畫報在「中國十大標準女性」的評選中，她以「色藝雙絕」的美譽，與畫家何香凝、作家丁玲、電影明星蝴蝶、「第一夫人」宋美齡等名人同登金榜。名望之大，遠播遐邇，到了無以復加的程度。

楊秀瓊（1918～1982），廣東東莞縣人，中國早期游泳選手。1928 年，楊秀瓊跟隨父親遷居香港，就讀於尊德女子學校。楊秀瓊耐力好、爆發力強、動作準確、輕快敏捷；游泳、體操、田徑都樣樣精通；1930 年，香港舉行全港游泳大賽，楊秀瓊初試身手，獲得 50 米和 100 米自由泳兩項冠軍；1933 年，在國民政府主辦第五屆全國運動會上，楊秀瓊獲得游泳五項冠軍。

彼時的楊秀瓊年方一十六歲，天生麗質，身軀健美，高高的胸脯、長長的美腿，身著泳裝，穿梭於碧波之間，一反中國婦女捧心顰眉的病態之美。

在一個相當長的時期，她的照片和新聞日日見於報端。記者們讚美她：

> 風度雍容華貴，雙眸明亮，性格爽朗。穿玉色衣服、赤足跟高
> 跟皮鞋，身體健壯，遠望如希臘女戰士。

當楊秀瓊以現代泳裝的形象出現在千萬人的目光之下的時候，中國女性的自然、健康、優雅、美麗，感動了所有追求新生活的男男女女。她立即成為炙手可熱的時尚代言人。從此，在中國的大都市掀起了一股游泳熱，女人們打破了千年桎梏的羞恥觀，開始步入現代化的時尚。她們在游泳池內，在大海之濱，身著泳裝、全身沐浴在溫暖的陽光之下，徜徉於和煦的微風之中，自由自在、溫馨舒適地投身大自然的懷抱，幾乎成了新女性的夢寐所求。不僅五光十色的泳裝也成了最暢銷的時髦貨，女子游泳運動也推向了新的高潮。

「天乳運動」之後拍攝的國產故事片《到自然去》，是當時十分受歡迎的熱映佳作。內容表現一群人因遊艇失事漂流到一個荒島上，由黎莉莉、白璐、龔智華、徐健等扮演的女孩子，穿著泳裝在荒島上生活，天人一體，悠閒自在。靚麗的女影星嬌美的身材，通過泳裝展示的淋漓盡致。電影的傳播力，把泳裝的開放觀念猛猛地推了一把。

（十五）「天乳運動」解放婦女勞動力

費孝通先生在為潘光旦譯著《性心理學》所寫的《後記》中說：

> 中國從一個閉關鎖國的局面正在通過開放和改革向現代化社
> 會轉變，科學與民主已成了群眾性的要求，歷來成為禁區的「兩性
> 之學」，將能得到坦率和熱情的接受。

　　「天乳運動」的出現，正是中國社會從閉關鎖國的局面通過開放改革向現代化社會轉型的一種巨變。它與「放足運動」一樣，不僅解放了纏縛婦女身體的鐵鍊，更解放了婦女思想中的桎梏，從而解放了婦女的生產力。使她們大膽地走入社會，走入男人們的天地之中，去爭取工作、爭取平等、爭取獨立和自由。風靡一時的話劇《娜拉的出走》的火炙，乃至形成了女性解放的獨特術語，生動地反映出「天乳運動」的後續效應。

三十年代上海女工在捲煙廠、紡紗廠、繅絲廠工作時的情況。當時技術嫻熟的女工是各工廠的爭奪對象。她們的收入和待遇很高，每日上工下工都乘坐獨輪車，是當時滬上的一條獨特風景線。

　　都市中中產階級婦女、知識婦女踴躍地走出家庭，投入社會工作。據專業學者的研究和統計，「天乳運動」後即三十年代初，女演員、女教師、女醫師、女護士、女管家、女秘書、女職員、女會計、女經濟人都成了很時髦的職業，至於舞女、交際女、女售貨員、女售票員、女裁縫、女理髮師、女按摩師、女美容師，甚至女術士、女相士也不乏小家女子的身影。低下層婦女為

了開拓生活、改善生活,更無顧盼地去勞動、去工作。據現存的《上海工部局檔案》記載,1930 年工商部的報告稱:上海市女工的數量為 18.8188 萬人,超過男工的數量 3.3233 萬人。另據 1932 年《上海市社會局的調查》,全市 1887 個工廠中,女工為 11.6872 萬名。雖然有關女工的統計數字每年都有不同的變化,但在「天乳運動」以後,僅上海一地女工總數應當在十萬人以上。

其他城市,如漢口的女工數量在 1929 年的統計是 2788 人,到三十年代中期,便達到 4889 人。廣州的女工數量在 1929 年是 33.769 人。無錫的女工數量也很大,約在 4 萬人左右。

三十年代上海的繅絲女工、紡織女工、捲煙女工的從業數量已是二十年代中期的數倍之多。而且,依據她們的熟練程度,都享有遠遠高於男工工資數倍的優厚待遇。據《上海解放前後物價資料彙編》和《上海工人運動史》披露,1927 年上海一個熟練的紡紗女工的工資,每月為三十元銀元,高過當時的巡長和政府任職的科長!而且當時,物價十分穩定低廉,二號梗米 1 石(為兩百斤)14 元,麵粉 1 包(為 44 斤)3.30 元,豬肉 1 斤 0.28 元,煤炭 1 擔才 0.14 元。一個有技術的女工的收入,足以撐起一個家庭的多半個天。政府也認真地保護婦女勞動力,1929 年 12 月國民政府公布《工廠法》,規定「女工分娩前後,停止工作 8 星期,入廠工作 6 個月以上者,假期內工資照發,不足 6 個月者,減半發給」。足見,婦女經濟收入的提高,也促使其社會地位得到更大的提高。

在城市經濟迅猛發展的帶動下,更多年輕單身婦女離開了農村,從南方、北方的窮鄉僻壤儕身到城鎮當中,在商店、餐館裏打工,到大戶人家幫傭、打雜,也組成了隊伍龐大的服務業重要勞動力。這些婦女勞動力的集合,形成了建設社會、服務社會,直接或間接創造勞動產值的力量,為新社會的發展撐起了又一片天地。

(十六)「天乳運動」促進「母健兒肥」家庭幸福

轟轟烈烈的「天乳運動」,更促使了國家與社會對婦女兒童衛生保健工作的重視與開展。

1927 年,南京國民政府已由黨務機構逐步轉變為政府行政機關,對「天乳運動」亦給予了大力支持,不僅將有關婦女形體解放的「束胸禁革」、「纏足禁革」以及嚴禁鴉片、剪辮子、廢跪拜等移風易俗的新政推向全國。而

且，從行政方面設立了社會部。社會部下面又設立了總務、組織訓練、社會福利三司和合作事業管理局，將醫療衛生和婦幼保健工作納入了政府行政管理之中。

十九世紀末，西醫婦科和用西醫方法接生，治療兒科病症，都是西人教會醫院和普善團體所設的普善醫局所進行的。二十世紀初，國人自辦的婦產科醫院相續出現，綜合性醫院也開始開設兒科和婦產科。「天乳運動」興起後，私立婦女保健機構得到迅速地發展，至 1930 年前後，上海市私人創辦的產院有 47 所，兒科醫院 3 所。武漢、重慶、成都、北京等經濟發達的城市，醫療水準較高的兒科醫院和婦產醫院也都應運而生。婦幼保健作為衛生事業的重要組成部分，已作為政府工作的一件要事。

1929 年，由上海市衛生局與中央大學醫學院合辦的吳淞衛生模範區，設立了衛生治療所，主要開展婦女產前檢查、產科接生、產後護理、嬰兒健康、兒童營養等婦幼衛生業務，這是政府辦理婦幼衛生機構的肇始。其服務範圍，最早僅限於吳淞及其附近地區，隨著政府的推廣和普及，逐步在全市建立起相應的網路機構。到了 1936 年，市衛生局在滬南、滬北衛生事務所正式舉辦婦幼衛生，在各區衛生事務所內設專職助產士，負責轄區內孕婦產前、產後檢查和入戶訪視、免費接生和育兒等一系列指導工作，這在舊中國是一大創舉，功不可沒。

如是，歷經政府和社會數年不棄的努力，全國大小城市都成立了「婦嬰保健會」、「婦女兒童健康保護所」等多種名目的社會組織，且以各地醫療單位為主導，投入人力物力，培養專業人才，開展各種形式的衛生科普知識推廣。諸如：婦女的乳房保護、乳房日常的自我檢查、乳病的防治，母乳育兒好處多等等科目，進行科普宣傳工作。這些題目一度成為衛生工作者和義務宣傳員們稔熟於心的口頭禪語。向千百萬原本大門不出、二門不邁的家庭婦女，傳授了許多生動的、科學的衛生知識課。自此，婦幼保健體系在各省市、地區逐步建立，初步形成了網路。不少開明地區，如江浙、青島、大連、京津一帶，這種科普的實踐一直深入到鄉鎮農村，並取得了良好的成績。

當時的南京國民政府，將處理兒童保健事務交由慈幼協會協同辦理，在「天乳運動」期間，該會舉辦過多次全國兒童健康大賽和慈幼運動大會。藉以喚起社會對婦女兒童健康的關注。例如，1929 年上海舉辦的慈幼運動大會，已將參賽范國延伸至閘北及楊樹浦等下層棚戶民眾聚集地，不分階層，民眾

廣泛參與，影響十分廣遠。

　　1931 年，上海中華慈幼協會帥先發起，建議政府將每年四月四日定為「兒童節」。此議得到政府的全力支持，並由教育部制定了《兒童節紀念法規》，於次年的四月四日全國實施，使嬰兒健康比賽等活動實現了常規化。

1929 年上海中華慈幼協濟會舉辦第一屆慈幼運動大會會場的照片。參與者涉及各個階層的婦女民眾，社會影響極大。

1929 年上海中華慈幼協濟會舉辦第一屆慈幼運動大會，會上為評選出的健康兒童頒獎。

彼時，中國醫學科學技術工作者組成的群眾性學術團體，如伍連德先生發起的中華醫學會，與嘉約翰組織的中國博醫會，對社會局的工作也給予強烈支持。他們於 1932 年 4 月在上海舉行聯席會議宣布兩會合併。會上發表宣言稱：中國醫學科學技術工作者要以獻身的精神致力自身的工作，一定要使中國醫療水準與世界先進國家看齊，要為中國的婦幼保健工作開拓出新的局面。

他們熱情地肯定了「天乳運動」。認為「天乳運動」恢復了婦女的自然形態，換來了婦女的身心健康，是舉國移風易俗的重大事件。壓迫女乳正常發育的束胸布廢除了，乳管暢通了，乳病減少了，女人的身體強壯了，富於詩意的身體曲線更加完美了。性徵、性腺的發達，促使男女性愛更加健康、更加和諧。不僅使千萬個家庭更加溫馨、夫妻更加恩愛：育子時期的母乳更加豐富多汁，給下一代兒女的發育成長提供著充足的乳汁，保證孩子健康茁壯的成長。實現了先哲宣導的「母健兒肥」的理想和願望。最終，使中國人擺脫了「東亞病夫」的魔咒，為建設「醒獅」強國打下了堅實的基礎。

一直關心婦幼健康的民國元老何香凝女士曾在文章中寫道：

　　　在近代文明大趨勢的推動下，女性被要求承擔起「國民之母」的責任，她們身體的健康與生育功能與民族國家的命運緊密地聯繫在一起。婦女身心的健康，生理、生活的健康，是再造「國民之母」，培養健康兒童的前題保障。因為現在的世界，第一要有健

全的國民，然而健全的母親，實為根本。

不過，這場轟轟烈烈的「天乳運動」所帶動的全國婦幼保健事業初具規模，方興未艾之時，便被日本發動的侵華戰爭所擾亂，乃至破碎。此後，在全民抗戰的浴火中，我國的婦女解放事業則又掀開了新的一頁篇章……。

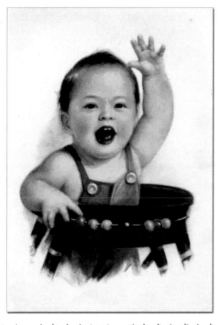

以上為三十年代出版的一些年畫和廣告畫，「母健兒肥，家庭幸福」是「天乳運動」以後，人們喜聞樂見的一大主題。

後　記

　　1967 年，在美國新澤西舉辦選舉「美國小姐」的典禮大會上，一位聲稱「胸罩是罪惡發明」的女權主義者傑蔓‧可瑞爾，在場外的廣場上疊起一個「自由的垃圾筒」。她帶頭脫下了自己的上衣，扯下了胸前的乳罩，並把它丟進了這個象徵解放和「自由的垃圾筒」裏，然後舉火焚燒。她的舉動引起了所有在場女性們的狂歡，紛紛傚仿，也都把自己脫下來的乳罩扔進了拉圾筒。焚燒的乳罩在熊熊大火中飄然起舞，現場的女人們歡呼雀躍，群情激奮，山呼海嘯般地高喊：「燒掉乳罩，擺脫我們身體的禁錮，爭取我們身體的自由。」無數過路的行人，也都勇躍地參加到這群示威者的行列中去，為她們助威，為她們吶喊。這場運動被記者們推上了世界各地報紙的頭條。從而，「焚燒乳罩」一事，在世界女權運動史上佔據了「革命」的一頁。從此，世界婦女大會將每年的 7 月 9 日定為「世界無胸罩日」(No-bra Day)。激進的獨立女性們用這個日子，呼籲更多的人解放自己的乳房，去掉乳罩，關愛自己的乳房。

　　同樣，在「革命」浪潮的激勵下，乳罩的佩戴或揚棄、乳房的護衛或解放，在近代中國的大地上，也進行著反反覆覆的鬥爭和變化，演出了一場又一場是是非非，誰也說不清、道不明的活劇。如果，我們從民俗學的角度粗略地梳理一下，從中也能管窺到近代婦女肢體解放史上的進步與謬誤。

　　上世紀三十年代，正當中國婦女還沉浸在肢體解放的熱情之時，革命的紅色蘇維埃政權在延安成立了。充滿理想、追求革命的女青年們，不畏艱難困苦，從國統區的上海、北京、南京、武漢和西安等大、中城市，奔赴了紅色聖地。其中，不乏著名的女子精英，如丁玲、陳學昭、韋君宜、草明、曾克、

莫耶、藍萍、孫維世、任均等人。當延安中國女子大學成立的時候，就有女學員五百餘人入學就讀。她們大多出身於生活比較富裕的知識分子家庭，受過良好的文化教育。她們的到來，給這片貧瘠的黃土地帶來了春風，帶來了朝氣，帶來了歡樂和色彩，也帶來了女學生日常服用的旗袍和乳罩。但是，她們面對的除了「火炙的革命政治氛圍外，便是貧窮和物質的極端潰乏。」《申報》記者俞頌華采訪延安時寫道：「當地的人以灰色的麵條或饃饃，和以紅的辣椒醬及灰色的鹽果腹。吃不起麵的人，即以山芋或小米當飯。」一度負責延安經濟的董必武在《日記》中寫道：「延安的地主是以窯洞裏藏有幾缸鹹菜來劃定的」。

　　前北方崑曲劇院黨委書記任均女士，在她的個人回憶錄《我這九十年》一書中，詳細地記述了當初延安的生活。她說：女青年中很多人出身於中產階級家庭，曾過著溫馨舒適的生活。此時，她們與工農幹部一起吃南瓜飯，喝小米粥，啃老鹹菜。「十多人擠在破窯洞的土炕上睡覺。夜裏去趟廁所，回來就沒地方睡了。"學員們一年發一套灰布衣褲。但是，沒有內衣、內褲，更沒有乳罩。平時沒的更換，穿破了，縫了又縫，補了又補。一人一雙草鞋，穿破了自己去想辦法。每天從早到晚不斷地學習，政治運動一個接一個，從未間斷。革命隊伍提倡男女平等，男女都一樣。一起生產，一起勞動。曾經是多麼金貴的大小姐，大學生，大演員，大作家，在這般如火如荼的革命熔爐裏，什麼束胸，什麼內衣，什麼乳罩，早都拋到瓜哇國中去了。

　　但是，條件的艱苦並沒有湮滅她們追求革命的理想和熱情。她們積極靠近組織，積極向工農幹部學習，認真積極地批判自己的小資產階級思想，以「種種革命的實際行動」與資產階級劃清界線。她們偷偷地扔掉從家裏帶來的脂粉、首飾，捐掉了自己喜歡的旗袍、裙子。她們將長長的秀髮剪成和男子般的短髮，她們拋棄了可心的鞋襪，也藏起了貼身的內衣和乳罩。為了成為黨員、成為真正的革命者，大多數女孩子都嫁給了延安的幹部和首長。這些故事在韋君宜的《思痛錄》和任均《我這九十年》一書中均有很詳細的描述。

　　女人們貼身穿的褻衣和乳罩，成了小資產階級的表象物。在革命的環境中，它成了極其私密的、「不可見人的東西」。延安的工農戰士、未婚男青年和當地的人民群眾，基本上接觸不到城裏來的女人，更不知道乳罩為何物。據說，有一個給首長站崗的小戰士，無意中在首長的院子裏，拾到了一個皺

成一團的舊乳罩，反反覆覆的看了半天，也不知道是個什麼物件。索性就當帽子套在自己的腦袋上，逢人便問：「俺像不像飛行員？」這個笑話一直傳流到今天，猶自令人發噱。

新中國成立了，一批批革命幹部從延安、從西柏坡、從部隊，從地方進駐了首都和各大中小城市。開始學著佔領城市、管理城市、改造城市、建設城市的漠生而偉大的工作。在一片熱火朝天、欣欣向榮的革命環境中，最高領導人發出了「婦女能頂半邊天」的號召。從此，「時代不同了，男女都一樣」，「男人能幹的，女人都能幹」之類的口號，便響徹中華大地。各條戰線都湧現出無數的花木蘭、穆桂英之類的女模範、女英雄。就連挖煤、開礦、修鐵路、開火車，乃至挖地溝、掏大糞、挖河泥、修水庫等繁重體力勞動的地域，也都誕生出無數的「鐵姑娘戰鬥隊」、「鐵娘子戰鬥組」。為了進一步解放婦女生產力，《人民日報》還刊出了《宋慶齡與街道婦女一起勞動》的文章和照片。文中報導「國家副主席宋慶齡與街道婦女們一樣，都脫下旗袍、裙裝和乳罩、改穿黑色、藍色或灰色的列寧裝，一起揮臂大幹。」似乎說明，婦女不戴乳罩的話，幹起活來就更革命，更有勁兒。這裡面隱含的政治邏輯是：女人愛美、愛修飾，穿旗袍，戴乳罩，是資產階級或小資產階級的本性，而樸素無華、不愛美、不愛修飾，不講究穿戴，不戴乳罩才是無產階級的本色。

那一時期，無論農村婦女還是城市勞動婦女，結婚之後，似乎對自己的乳房都不太珍視了。她們在地壟田頭、瓜棚豆架；或是在工棚車間、鬧市路邊，解開上衣，當眾哺乳的情景，已是見怪不怪的尋常事了。由於男女同工同酬，女工的勞動強度極大，在紡織廠工作的女工利用午餐半小時的空隙，為自己的幼兒哺乳，因為，乏極呵睡，而被自己的乳房壓死嬰兒的悲劇時有發生。筆者初入社會時，曾在北京的一家紡織廠學徒，就曾兩次目睹了這種慘劇。那個女工抱著已經死去的嬰兒呼天嗆地、捶胸頓足。一群女工圍在她的身邊則束手無策、呆若木雞。這種慘痛的場景，迄今揮之不去。

上個世紀五十年代以前，偌大的中國，只有上海一家舊社會遺留下來的生產女性乳罩的小工廠。「公私合營」時，併入了上海針織內衣廠。該廠主要生產織針內衣，而專門生產乳罩的只是一個小小的車間，產量很少，而且銷路也很有限。在建國後的很長一段時期內，城市婦女普遍服用的護胸護乳的貼身內衣，主要是一種短款的針織背心。而且只有白色一種，款式單一，永久不變。

　　1966 年，史無前例的文化大革命爆發了，潘多拉的魔匣一旦打開，牛鬼蛇神、污泥濁水一湧而出。天使和魔鬼、「真、善、美」與「假、惡、醜」展開了一場殊死的搏鬥。在「破四舊、立四新」的鼓噪之下，被「造反有理、革命無罪」煽動起來的學生們衝入了社會，衝進了老百姓的家庭，他們用「打、砸、搶」的手段，消滅一切舊社會遺留下來的事物。他們「要砸爛舊世界，徹底消滅封資修」。在一次反動的「龍生龍、鳳生鳳，老鼠的兒子會打洞」的「血統論」和「出身論」的辯論大會上，地處北京陶然亭的芭蕾舞學校造反派的女學生們，赫然貼出了一張驚世駭俗的大字報──《砸碎綁在我們身上的枷鎖，斬斷纏在我們身上的毒蛇！消滅乳罩！》（見《紅衛兵大字報選編》）。她們把幾位出身不好的舞蹈老師，反剪著雙手押上了舞臺，給她們戴上紙糊的高帽子，還把幾條乳罩、幾雙高跟鞋和黑幫牌子，一起掛在她們的脖子上。然後，聲嘶力竭地進行批判，含著眼淚控訴這幾位老師用資產階級的舞鞋、短裙、乳罩，綁架和污辱了無產階級聖潔的身體。她們用資產階級的《天鵝湖》、《吉賽爾》、《胡桃夾子》散佈資產階級思想，腐蝕了無產階級的靈魂。要消滅「一切害人蟲」，佔領無產階級的革命舞臺，就要從消滅資產階級的奇裝異服做起，就要粉碎綁縛身體的各種枷鎖，消滅資產階級的舞鞋和乳罩！

　　在這種瘋狂的極「左」思潮號召下，一群女校的紅衛兵都扯去了自己貼身的乳罩和背心，穿上肥大的、綠色的軍衣、軍褲。她們衝進了北京王府井唯一一家「婦女兒童商店」裏，搶出店裏所有的乳罩、背心、高跟皮鞋、布拉基和一切化妝品，堆在王府井大街的中心馬路上，一舉焚燒，火光照亮了半條街。從此，不僅女性服裝不可能再露胸口，胸罩也被嚴格禁止。（引自鄭麗霞《女性服飾問題研究》社會科學文獻出版社 2013 年）。

　　8 月 18 日，北京師大女附中的紅衛兵司令宋彬彬在天安門上被接見之後，便不再要「彬彬」二字，毅然改名「宋要武」（見一九六六年八月二十日《光明日報》）。於是，這些不戴乳罩的女衛兵們，便都「不愛紅裝愛武裝」了。一瞬時，都變成了「要武」的兇神惡煞。

　　接著，在北京發生的一系列殺人慘案中，如「大辛莊集體屠殺案」、「欄杆市階級報復案」、「紅羅廠滅門慘案」、「吉祥戲院紅色恐怖案」，以及北京各大中學打死一千餘名校長、教師和員工事件等，均不乏一些不戴乳罩、身著肥大軍裝的女紅衛兵的身影。不知多少教育工作者、藝術家、社會名人和所謂的「地、富、反、壞、右」，都葬身在紅色的棍棒和皮鞭之下。

　　據作家蕭軍和端木蕻良著文回憶，8 月 23 日，北京女八中的紅衛兵，曾把老舍、端木蕻良、荀慧生、蕭軍、白雲生、侯喜瑞等一大批所謂的「反動權威」拉到文廟國子監。叫他們跪在焚燒著的戲裝和切末前，接受造反派的批判和紅衛兵的毒打。蕭軍回憶說：「當他跪在燒書的火堆前，被身後的紅衛兵用棍棒和銅頭皮帶毒打，以致頭上鼓起了大包，滿背流血，被活活折磨了三個小時」（見《蕭軍紀念集》）。用鐵頭皮帶抽打「黑幫」的女紅衛兵，「竟比男紅衛兵下手更恨」（見端木蕻良《打屁股》）。老舍、荀慧生等二十九名文化名人一個個被打得遍體鱗傷，鮮血濕透衣裳。至使老舍不堪其辱，於次日自沉於太平湖的污泥濁水之中。

　　八月底，北京已處於「無政府」狀態，人們不知各自的福禍，大多蝸居家中，不敢出門。我想知道自家舅父平安否？曾小心翼翼地走到新街口八道彎的小胡同裏。還未進入舅家的院門，便被一陣嘈雜之聲驚呆了。只見一群男女紅衛兵像牽狗一樣，用繩子扯著一位年愈八旬的老者，從十一號的院子裏擁了出來。只見這位老人身上粘滿了漿糊和花花綠綠的標語，脖子上掛著一個大牌子，上邊寫著「打倒漢奸反動文人周作人」！老人涕涎泗垂、跌跌撞撞，蹣跚欲倒。被這些小將們推推搡搡、連罵帶摑，拳腳相加，拉出來遊街。過路人避之不及者，唯倚牆鵝立，瞠目結舌而已。後來聽我舅說，他的這位曾經「為婦女肢體解放」呼籲了多半生的老街坊，不久便一命身亡了。

　　在「十年浩劫」當中，乳罩一詞在中國大陸幾乎消聲匿跡了。彼時的男男女女都穿著或青、或藍、款式相似的服裝，這種現象連身居「國母」之位的江青也看不下去了。她便親手為中國婦女設計了一種上身為對襟小開領、下身為過膝裙的「新式唐裝」，在全國鄭重推廣。女性才又一次獲得穿裙裝的權利。但是，因為「每年每人只有六尺布票」的阻遏，這種革命裙裝也難以推廣。至於，女人貼身服用的內衣和護乳的乳罩，仍然不在考慮之列。

　　打倒「四人幫」之後，撥亂反正，萬象更新。最先突破全國只唱八齣「樣板戲」這一尷尬局面的，還是文藝界首當其衝。中國京劇院開始上演《四郎探母》、《打金磚》；東方歌舞團則恢復了膾炙人口的《孔雀舞》、《罐兒舞》。但是，如何讓臺上姑娘們的體形更漂亮、更好看，王昆團長不得不利用老關係，向駐外國大使館的朋友們求助，託他們從國外代買一些乳罩。

　　為了開放搞活，發展經濟向前看。「模著石頭過河」的鄧小平最先提出：

「美化生活要從美化服裝做起，服裝戰線上的同志們要努力先行，一定要為我們的姑娘們多生產些新的花樣，讓她們都穿得漂漂亮亮，小辮子也都梳起來，多好哇！」（鄧小平《與紡織戰線先進工作者的講話》）為此，1979年，上海針織內衣廠才率先恢復了乳罩的生產。

最先搞起個體經濟的，是那些沒有工作，終日在胡同裏閒逛的「無業遊民」。他們以敏感的嗅覺，聞出了市場上的需要，便背起了大大小小的編織袋，南下廣州，闖羅湖、闖蛇口，直撲中英街，間接從香港採購女人們最喜歡的各色服裝和化裝品。其中，利潤最大、而且捎運最方便的，便是那些輕巧炫目的透明絲襪、輕巧的三角褲衩和各種顏色的乳罩。他們不辭辛苦地把這些新奇的「愛巴物」倒騰到內地，倒騰到北方，高價賣給那些「頭髮長、見識短」的女人們。上個世紀八十年初，絲襪、褲衩和乳罩著實成就了「倒爺」們的第一桶金。同時，潤物細無聲地滿足了無數女人的愛美之心。

真正為乳罩正名的，是1979年的春天，法國著名的服裝設計師皮爾卡丹先生（Pierre Cardin）應外經部之邀來到北京，他在民族文化宮舉辦了首次只允許服裝界官員入場的內部觀摩會。據新華社記者李安定在內參上報導，他第一次見到了皮爾·卡丹和伸向觀眾席的走秀天橋。據他描述，當時有8名法國和4名日本男女模特，他們都穿著奇裝異服，穿梭往返於天橋之上，彼此「眉目傳情，勾肩搭背」。一名金髮碧眼的女模特，扭腰擺胯從臺前返回，突然停下來轉向臺邊，敞開了外衣，露出了一對鼓鼓的紅色乳罩。轉身之際，又撩起長裙的兩襟，露出只穿窄窄三角褲的胴體。頓時，臺下的觀眾幾乎都向後仰身，像在躲避著一種近在咫尺的衝擊波。人們就像巨浪打來一樣，整整一排一排地倒了下來。

報導在《參考消息》發表之後，不幾日便有《洋人的屁香》等反對文章見著報刊，給予嚴肅的批判和聲討。但是，在政府的支持下，對這次內部觀摩會給予了充份的肯定。皮爾卡丹還為中國組織了第一支服裝模特表演隊，日後成名的張鐵林和方舒等人，當時，都是這支模特隊的表演成員。模特隊的出現和服裝走秀的公開表演，確立了公眾輿論對乳罩在體現「女子形體美」和婦女生活中的重要地位。從此，乳罩在經過數十年風風雨雨的折磨之後，才正大光明地走進了千家萬戶。

然而，人們對乳房和乳罩的爭論並未終止，還時不時地出現群情關注的社會「新聞」之中，反映出輿情對女子服飾的變化與乳房的開放的辯駁和爭

論。2014 年，由著名導演高翔潘執導，范冰冰工作室推出的大型古裝電視連續劇《武媚娘傳奇》，一經在電視臺播出，便轟動了全國，創下電視收視率的新高。該劇總投資三億元人民幣，僅劇中諸多唐裝女服的製作費，竟花去了二千餘萬。其中，最為注目的「大袖袒胸裙」裝的款式，是經過中國服裝史學家、美術史學家通過科學考證，集體設計認定的。應該說，是附合盛唐時期宮中現實的服飾。但因為「大袖袒胸裙」的開胸過大、護胸過低，鏡頭過於「爆乳」，而遭到廣電總局勒令停播。由此，引來了一場社會大爭論。最終，該劇為了續播，導演不得不讓步，對劇情進行了必要的刪減。實在刪減不得的地方，則依照電視臺規定的低胸尺寸，由剪輯人員進行截圖處理。於是，劇中便出現了無數「大頭嬪妃」和「大頭宮女」。「武媚娘」范冰冰也只得低頭就範，半身鏡頭都變成特寫的「大頭人」了。

　　足見，「俗，成於定律，俗，成於定法」。這類關於「乳」的官司，隨著社會的發展和習俗的變化，今後還會不間斷地出現。

參考文獻

1. 李德生文，《乳的解放》，部分章節刊於加拿大《中華時報》，2001 年。

2. 李德生著，《昔日摩登女郎》，江西教育出版社，2007 年。

3. 瑪莉蓮・亞隆〔美〕著，《乳房的歷史》，臺灣先覺出版社，2000 年。

4. 拉施德哀丁（波斯）編纂，《史集》，商務印書館，2008 年。

5. 策・達木丁蘇隆（蒙古）編，《蒙古秘史》，青海人民出版社，2014 年。

6. 翦伯贊、鄭天挺編，《中國通史參考資料》，中華書局，1980 年。

7. 伊本・阿・阿特（阿拉伯）著，《歷史緒論》，寧夏出版社，2015 年。

8. 李茂昌著，《中國美術簡史》，人民美術出版社，1983 年。

9. 楊國安著，《中國煙草文化集林》，西北大學出版社，1990 年。

10. 黃能馥、陳娟娟著，《中國服裝史》，上海人民出版社，2004 年。

11. 秦軍校著，《終結小腳》，浙江文藝出版社，2005 年。

12. 駱漢城文，《山海經的故事.四川篇（千年一吻）三星堆玉器圖文日誌》，2000 年。

13. 鄒祖堯著，《說說中國的乳房文化》載《中國性科學》雜誌，1928 年。

14. 吳昊著，《中國婦女服飾與身體革命》，東方出版中心，2008 年。

15. 華梅著，《中國服飾》，五洲傳播出版社，2004 年版。

16. 吉尼斯世界紀錄有限公司編，《吉尼斯世界紀錄大全》（英文版），1985 年。

17. 勒內・格魯塞〔法〕著，藍琪譯，《草原帝國》，商務印書館，1998年。

18. 張競生著，《性史》，世界圖書出版公司，1926年。

19. 謝旡量著，《婦女修養談》《女學叢書》，1930年。

20. 歐陽祖經著，《歐美女子教育史》載《萬有文庫》，第一集，1930年。

21. 劉禹輪文，《為提倡天乳運動告革命婦女》，廣州風俗改革叢刊，1930年。

22. 國民政府，《禁令查禁女子束胸——內政部重申禁令》申報，1929年12月。

23. 董竹君著，《我的一個世紀》，三聯書店，2008年。

24. 胡適著，《女子問題》《胡適全集第21卷》，安徽教育出版社，2003年。

25. 《廣東女權運動大同盟沿革史略》廣東省檔案館全宗號9，卷號21。

26. 鄧穎超文，《民國十四年的廣東婦女運動》《婦女之聲》，1926年。

27. 《朱家驊提議禁革婦女束胸》，廣州民國日報，1927年7月8日。

28. 《天乳運動執行委員會六言昭示》，廣州民國日報，1927年8月27日。

29. 《禁令查禁女子束胸——內政部重申禁令》，申報，1927年12月17日。

30. 觀我生文，《女子束胸與胸部曲線》，廣州民國日報，192年月12日。

31. 綰香閣主文，《胸衣構造說明》，北洋畫報，1927年10月。

32. 邢超著，《義和團和八國聯軍真相》，中國青年出版社，2015年。

33. 中國社會科學院編，《義和團史料》，商務印書館，1993年。

34. 馬勇著，《1900年中國尷尬》中華書局，2010年。

35. 茅盾著，《茅盾文集》，人民文學出版社，1987年。

36. 魯迅著，《魯迅文集》，人民文學出版社，1976年。

37. 費雲文，《男女能力之研究》，載《萬有文庫》第一集，1933年。

38. 費鴻年著，《解剖學大意》，商務印書館，1930年。

39. 周作人著，《性愛的新文化》，山西人民出版社，1992年。

40. 袁傑英著，《中國歷代服飾史》，高等教育出版社，1994年。

41. 馬庚存著，《中國近代婦女史》，青島出版社，1995年。

42. 程德培、郆元寶編，《良友隨筆》，上海社會科學院出版社，2004年。

43. 黃強著，《從天乳運動到義乳流行》，載《時代教育》，2008 年。

44. 覃思齊文《從束乳到挺胸──內衣穿著的社會學研究》，臺灣大學社會學研究所學位論文，2003 年。

45. 吳小瑋文，《民國時期「天乳運動」探析》載《貴州文史叢刊》，2015 年。

46. 黃強著，《中國內衣史》，北京紡織出版社，2000 年版。

47. 何江麗文，《再造「國民之母」──近代北京生育衛生研究》載《歷史教學》，2014 年第 8 期。

48. 許建屏文，《中華慈幼協會一覽》載《內政公報》，1937 年。

49. 王雲五著，《婦女兒童保護問題》載《東方文庫續編》，1933 年。

50. 康陶父著，《婦女與兒童》，東方文化書局出版，1930 年。

51. 谷正綱文，《由保護童嬰到教養兒童》載中華慈幼協會編《今日兒童》，1942 年。

52. 由國慶編，《老廣告裏的歲月往事》，上海遠東出版社，2010 年。

53. 葛濤著，《環球百貨光影錄──上海先施公司盛衰》，上海辭書出版社 2011 年。

54. 戴欽欣著，《中國古代服飾》，商務印書館，1998 年。

55. 潘綏銘、黃盈盈著，《21 世紀中國人的性生活》，中國人民大學出版社，2013 年。

56. 劉正剛、曾繁花文，《解放乳房的艱難──民國時期「天乳運動」探析》載《婦女研究論叢》，2010 年第 9 期。

57. 鄭麗霞文，《女性服飾問題研究──以北京地區為例（1966～1976）》《婚姻‧家庭‧性別研究》（第三輯），社會科學文獻出版社，2013 年。

58. 毛澤東文，《在合作社內實行男女同酬》的批示，1956 年。

59. 任均口述、王克明撰，《我這九十年》華文出版社，2013 年。

60. 《延安時期的日常生活》，陝西師範大學出版社，2014 年。